Sabine Fellner • Katrin Unterreiner

Frühere Verhältnisse

Sabine Fellner • Katrin Unterreiner

Frühere Verhältnisse

Geheime Liebschaften in der k. u. k. Monarchie

Mit 11 Abbildungen

Amalthea

Bildnachweis

Bildarchiv ÖNB/imagno (S. 31, 80, 90, 95, 135)
Österreichisches Staatsarchiv, Haus-, Hof- und Staatsarchiv (S. 100)
Privatbesitz (S. 27. 29, 49, 57, 118)

Besuchen Sie uns im Internet unter:
www.amalthea.at

Schutzumschlaggestaltung: Kurt Hamtil, verlagsbüro wien
Umschlagfoto: © imagno
Herstellung: studio e, Josef Embacher
Gesetzt aus der 12/14,5 pt Adobe Garamond
Gedruckt in der EU

ISBN 978-3-85002-727-4

Inhalt

Vorwort

»Ist das Weib geistig normal entwickelt und wohlerzogen, so ist sein sinnliches Verlangen ein geringes. Wäre dem nicht so, müsste die ganze Welt ein Bordell und Ehe und Familie undenkbar sein«, so der Psychiater und Rechtsmediziner Richard von Krafft-Ebing.[1] Angesichts der Tatsache, dass in Wien Mitte des 19. Jahrhunderts jedes zweite Kind unehelich zur Welt kam, scheinen diese Ängste nicht ganz unbegründet gewesen zu sein. Wie war es möglich, dass zu einer Zeit, da der Anblick eines unbedeckten Frauenknöchels bereits zum Skandal geriet, derartig viele »Fehltritte« mit Folgen passierten? Wer waren diese »wohlerzogenen Frauen mit mäßig sinnlichem Verlangen«, die uneheliche Kinder zur Welt brachten? Wie reagierte die Gesellschaft auf derartige Vergehen? Was geschah mit den Müttern und ihren in Schande geborenen Kindern in einem Umfeld, das »die Sexualität als ein anarchisches und darum störendes Element, das man nicht am lichten Tage schalten lassen dürfe, weil jede Form einer freien Liebe dem bürgerlichen ›Anstand‹ widersprach«, empfand?[2]

Tatsache ist, dass außereheliche Verhältnisse offensichtlich im 19. Jahrhundert gelebte Praxis waren, wie dies Otto Friedländer, Chronist der Monarchie, nicht ohne Sarkasmus beschrieb:

> *Männer flüchten aus unglücklichen Ehen in eine sogenannte ›zweite Menage‹. Es gibt zahllose ›zweite Menagen‹ vom Kaiser herab bis zum wohlhabenden Gewerbetreibenden. Das Eigentümliche ist, daß die zweite Menage*

> *genauso aussieht wie die erste, nur etwas billiger: Hat die erste Menage vier Dienstleute, dann hat die zweite zwei und so weiter. Meistens gibt es in der zweiten Menage auch Kinder, und kein Mann empfindet sie als weniger verpflichtend als die erste.*[3]

Also auch die Mitglieder des Kaiserhauses und des Adels pflegten diese Usancen, wie die »zweiten Menagen« Erzherzog Ottos mit Marie Schleinzer und Louise Robinson zeigen. Sogar der Kaiser selbst war davon nicht ausgenommen:

> *Manche Frauen der ersten Menage fördern die zweite geradezu. Mit Abenteuer, Verschwendung und Leichtsinn haben diese zweiten Menagen gar nichts zu tun – nicht einmal viel mit Erotik. Es soll zweite Menagen geben, die überhaupt nichts mit Erotik zu tun haben. Das behaupten viele, die etwas wissen sollten, zum Beispiel von der zweiten Menage des Kaisers.*[4]

Was geschah nun, wenn diese Verbindungen – wie die Statistiken zeigen offensichtlich häufig – Folgen hatten und die Frauen schwanger wurden. Standen die Väter zu ihren heimlichen Geliebten und unehelichen Kindern?

Das Buch geht der Frage nach, wie heimliche Geliebte versorgt und mit außerehelichen Schwangerschaften im Kaiserhaus, in den Villen der Bürger und in den Dachkammern der Dienstmädchen verfahren wurde.

Bürgerliche Verhältnisse

Die so angestrengte Wahrung des Anstands sollte vor allem dem aufstrebenden Bürgertum eine von allen respektierte Stellung innerhalb der Gesellschaft garantieren. Der Lebensstil des Adels war unpassend für die bürgerliche Welt:

> *Den hohen Aristokratinnen ist jede Freiheit erlaubt: Sie dürfen so schäbig oder so kühn angezogen sein, wie sie wollen, sie dürfen sich laut schreiend unterhalten, die Füße übereinanderschlagen, dass man die halben Waden sieht, sich schminken, Verhältnisse haben. Wenn eine bürgerliche Frau solche Dinge tut, ist sie unmöglich und ist eine »Person«. Die Leute, die etwas auf sich halten verkehren nicht mit ihr und die Lieferanten nehmen sich Vertraulichkeiten heraus.*[5]

Die Moralvorstellungen des städtischen Proletariats waren wiederum auf Grund der Lebensumstände gezwungener Maßen frei. Die Wohnverhältnisse innerhalb der Stadt, die das enge Beisammenwohnen mehrerer Generationen in einem Raum erzwangen, ergaben für die Kinder nicht nur freiwillig einen frühen Zugang zur Sexualität. Zum einen blieb nichts verborgen, zum anderen kam es oft zu sexuellen Übergriffen durch Erwachsene auf die Kinder, teils durch die eigenen Väter, teils durch die sogenannten Bettgeher, die gegen Geld einen Schlafplatz für die Nacht mieteten.

Die bürgerliche Welt musste also gegen den hemmungslosen Adel auf der einen Seite und das Proletariat, das roh und unbekümmert war, auf der anderen Seite abgegrenzt, Triebe und Leidenschaften daher möglichst im Verborgenen ausgelebt werden. »In diesem Zwiespalt erfand nun jene Zeit einen sonderbaren Kompromiss. Sie beschränkte ihre Moral darauf, dem jungen Menschen zwar nicht zu verbieten, seine Vita sexualis auszuüben, aber sie forderte, daß er diese peinliche Angelegenheit in irgendeiner unauffälligen Weise erledigte. War die Sexualität schon nicht aus der Welt zu schaffen, so sollte sie wenigstens innerhalb ihrer Welt der Sitte nicht sichtbar sein. Es wurde also die stillschweigende Vereinbarung getroffen, den ganzen ärgerlichen Komplex weder in der Schule, noch in der Familie, noch in der Öffentlichkeit zu erörtern und alles zu unterdrücken, was an sein Vorhandensein erinnern könnte«[6], beschrieb Stefan Zweig in seinen Lebenserinnerungen das Dilemma, in dem die Gesellschaft der k. u. k. Monarchie steckte.

Verschärft wurde das Problem durch den Umstand, dass der durchschnittliche bürgerliche Mann erst relativ spät eine Ehe eingehen konnte, da er ja bereits über ein beträchtliches Vermögen verfügen musste, um seiner Frau ein standesgemäßes Leben bieten zu können. Welch schwierige und teure Angelegenheit eine Heirat war, lässt sich vor allem bei Angehörigen des Militärs nachvollziehen, die eine hohe Kaution entweder als Rücklage zur Versorgung der Witwe, oder aber als Pension hinterlegen mussten. Erst mit steigendem Dienstgrad verringerte sich diese Kaution.

War man zu arm, um eine Ehe einzugehen, blieb die Möglichkeit eines eheähnlichen Verhältnisses:

> *Ein gebildeter, aber mittelloser Mann, der z. B. um der Prostitution oder sonstigen Unsitten zu entgehen, als Student heiraten und vielleicht mit seiner Frau in einem Zimmer und ohne weiteren Aufwand leben möchte, wird schwerlich*

> *ein gebildetes Mädchen finden, das sich dazu hergibt. Alles muss nach der herrschenden Mode und »standesgemäß« geschehen, sodaß die Ehe dadurch in den meisten Fällen unmöglich gemacht wird. Dennoch kann der gleiche Student im Konkubinat leben, weil bei diesem Verhältnis die genannten Vereinfachungen zulässig sind. Warum können aber dieselben Existenzmittel, die zu einem Konkubinat reichen, für eine Ehe unmöglich genügen?*[7]

Diese Notlösung war zwar gelebte Praxis, wurde offiziell aber von der bürgerlichen Moral strikt abgelehnt. Man ging sogar mit allen zu Verfügung stehenden Mittel dagegen vor. Als 1867 Theodor Weiß von Starkenfels die Polizeidienststelle in Wien übernahm, begann die Sittenpolizei nicht nur gegen die Prostitution besonders streng vorzugehen, sondern auch gegen das Konkubinat. Bezirksdirektionen gingen gegen Paare vor, die ohne Trauung zusammenlebten. Ausländer wurden ausgewiesen, Paare, die gemeinsame Kinder hatten, getrennt.[8]

War eine Ehe nach Erfüllung aller geforderten Voraussetzungen – dies bedeutete für den Mann ein geregeltes, angemessenes Einkommen und eine gewisse gesellschaftliche Stellung, für die Frau einen makellosen Ruf und selbstverständlich Unberührtheit – endlich doch geschlossen, blieb auch hier fern der Öffentlichkeit kein Platz für Unmäßigkeit. Vor allem den Frauen wurde dies deutlich gemacht: Die »ehelichen Pflichten … dienen dem sittlichen Zweck der Fortpflanzung. Keinesfalls dürfen sie den Vorwand für geschlechtliche Unmäßigkeit abgeben. Daraus ergibt sich die Frage, wie oft der Geschlechtsgenuß erlaubt ist, ohne Schaden zu stiften. Durchschnittlich soll der Akt nicht öfter als einmal in der Woche ausgeübt werden.«[9]

Ein zusätzliches Problem war, dass Ehen in bürgerlichen Kreisen nicht aus Liebe geschlossen wurden: »… äußere Verhältnisse, materielle Momente, Nützlichkeitsgedanken … stehen im Vordergrund. Die Mehrzahl der Ehen der Gegenwart sind nicht Liebesheiraten oder Zuneigungsheiraten, sondern Konvenienzehen.« In den meisten Fällen erkoren die Eltern einen passenden Heiratskandidaten für ihre bis dahin streng unter Verschluss gehaltenen Töchter, die sich in ihr Schicksal zu fügen hatten.

Theodor Fontane zeichnete dies im Schicksal Effi Briests, die aus gesellschaftlichem Ehrgeiz eine Vernunftehe mit einem zwanzig Jahre älteren Baron eingeht, literarisch nach. Aus Langeweile und weil sie sich von ihrem Mann vernachlässigt fühlt, geht Effi ein Verhältnis mit dem charmanten, lebenslustigen Frauenheld Major von Crampas ein: »Weil ihr, wenn auch unklar, dabei zum Bewusstsein kam, was ihr in ihrer Ehe eigentlich fehlt: Huldigungen, Anregungen, kleine Aufmerksamkeiten. Instetten war lieb und gut, aber ein Liebhaber war er nicht.«[10]

Das Ergebnis all dieser Restriktionen und Hürden die zu überwinden waren, um eine Ehe mit einem oft ungeliebten Partner einzugehen, waren mehr oder weniger öffentlich gelebte voreheliche und außereheliche Verhältnisse. Tatsächlich gab es zahlreiche Möglichkeiten unverbindliche Verhältnisse einzugehen:

> *Den Frauenhelden, die ihr Gewissen gut im Griff hatten, verschaffte ein Verhältnis mit dem – wie Schnitzler es die Wiener lehrte – »süßen Mädel« unbelastete Wonnen, die zu nichts verpflichteten. Ein bisschen gut berechnetes Liebesgeflüster, hin und wieder ein Abendessen in einem der gerade beliebten Restaurants oder ein Wochenende auf dem Lande: Das empfanden junge, lebenshungrige Frauen schon als adäquaten Lohn für die von ihnen gewährte Gunst.*[11]

Dass das Eingehen eines derartigen Verhältnisses von Seiten der aus einfachsten Verhältnissen stammenden Frauen nicht nur dem Lebenshunger entsprang, sondern sehr wohl der Hoffnung nach finanzieller oder gesellschaftlicher Besserstellung, versteht sich angesichts ihrer kümmerlichen Lebensumstände wohl von selbst. Schnitzler, als *homme de femmes* bekannt, ging selbst eine seiner zahlreichen Liebschaften mit einem einfachen Mädchen ein:

> *Indes hatte Jeanette selbst begonnen, mir ihre finanziellen Verlegenheiten einzugestehen, und die Annahme der recht geringen Summen nicht verweigert, die ich ihr gelegentlich von London aus zur Verfügung stellen konnte. Ihre Handarbeit brachte ihr wenig oder nichts ein. Aus einem Sticksalon, wo sie für die mühselige Arbeit von acht bis eins und drei bis sieben einen Monatsgehalt von zwanzig Gulden bezogen hatte, war sie wegen Herzbeschwerden, Blutspucken, Kopfweh und Rückenschmerzen bald wieder ausgetreten, was mir schon darum recht war, weil sie nun wenigstens nicht allabendlich den für ihre zweifelhafte Tugend doppelt, sechs- und hundertfach bedenklichen Weg aus der Stadt nach Hernals wandern mußte. Nun stickte und häkelte sie zu Hause und lieferte ihre Arbeiten an Geschäfte ab, erhielt aber das ausbedungene Honorar meistens nur unter Schwierigkeiten oder gar nicht ausbezahlt …*[12]

Ihre Situation kann wohl stellvertretend für zahllose ähnliche Schicksale betrachtet werden. Als Jeanette den ihr ein solides Leben versprechenden Heiratsantrag »eines Buchhalters bei Haberfellner in der Burggasse« zugunsten Schnitzlers ausschlug, beeilte sich Schnitzler zu betonen, »daß ich ihrem Glück nicht im Wege stehen wolle, um so weniger, als ich ja entschlossen sei, sie niemals zu heiraten.«[13] Literarisch in Form gebracht findet man diese Episode in »Der Weg ins Freie«, und erfährt Näheres über die Praxis Verhältnisse dieser Art elegant zu beenden. Die Geliebte erhält hier allerdings eine noble Abfertigung:

»Die Kleine«, sagte Oskar Ehrenberg zu Georg, während Amy mit Heinrich vorausging, »die ahnt auch nicht, daß wir heute das letztemal zusammen im Prater spazieren gehen.«

»Warum denn das letztemal?«, fragte Georg ohne tieferes Interesse.

»Es muß sein«, erwiderte Oskar. »Solche Sachen dürfen nicht länger dauern als höchstens ein Jahr. Sie können sich übrigens vom Dezember an bei ihr Ihre Handschuhe kaufen«, fügte er heiter, aber nicht ohne Wehmut hinzu. »Ich richte ihr nämlich ein kleines Geschäft ein. Das bin ich ihr gewissermaßen schuldig, denn ich hab sie aus einer ziemlich sicheren Situation herausgerissen.

»Aus einer sicheren?«

»Ja, sie war verlobt. Mit einem Etuimacher.«[14]

War ein Seitensprung beim Mann toleriert, so war er bei der Frau offiziell undenkbar. Eine Publikation aus dem Jahre 1916 mit dem Titel »Die sexuelle Untreue der Frau. Erster Teil: Die Ehebrecherin« macht dies mehr als deutlich. »Die eheliche Treue der Frau ist, um ein Goethesches Wort zu gebrauchen, ›der Anfang und Gipfel aller Kultur‹, von ragender Bedeutung für den sittlichen Aufbau der Familie, für die glückliche Entwicklung der Gesellschaft, für die gedeihliche Wohlfahrt des Volkstums, für die reine Wahrung der Rasse – von lebensspendender Wichtigkeit für den einzelnen wie für die Grund genug, daß die Negation, die Geschlechtsuntreue der Ehefrau, das Interesse des Arztes und Sozialisten, des Staatsmannes und Rechtsgelehrten, des Geistlichen und Biologen in hohem Maße in Anspruch nimmt«[15], heißt es hier im Vorwort. Mit einem Seitenhieb auf zaghaft aufkommende Emanzipationsbestrebungen der Frauen in Hinblick auf die eheliche Treue wird weiter ausgeführt:

> *Dennoch sind unsere Frauenrechtlerinnen in einem großen Irrtume befangen, wenn sie aus der Untreue des Mannes das Recht des geschlechtlichen Treuebruches für die Frau ableiten. Dazu sind die Rollen der beiden Gatten im sexuellen Akte zu verschieden. Der Mann kann in der Ehe Seitensprünge machen, ohne daß die Folgen derselben tief eingreifend sein müssen, er kann jeden Augenblick reuige Buße tun, ohne daß der angerichtete Schaden nicht gut zu machen wäre. Die Untreue der Frau vergiftet die Seele derselben für immer, erschüttert die Grundlage der Harmonie zwischen Mutter und Kindern, stellt die Legitimität der letzteren in Frage und bringt einen unheilbaren Riß in das Familienleben.*[16]

Deutlich wird hier, dass die Untreue des Mannes und eine eventuell daraus resultierende Schwangerschaft als ein gut zu machender Schaden angesehen wurde, in welcher Form bleibt offen. Hingegen verbot die essentielle Notwendigkeit sich seiner Erben sicher zu sein, radikal jeden Fehltritt seitens der Frauen. Die hier vertretene scheinheilige Doppelmoral wurde von einer Gynäkologin, die sich der Aufklärung der Frauen in einem medizinischen Ratgeber mit aller Offenheit annahm, klar formuliert:

> *Es gilt eben auf dem ganzen Gebiet des Geschlechtslebens die doppelte Moral, die jede geschlechtliche Betätigung des Mannes, selbst die auf Kosten eines Menschenschicksals geübte, für erlaubt und einwandfrei, die der von ihm doch erst dazu veranlaßten Frau dagegen für ehrlos und verbrecherisch erklärt. Diese doppelte Moral aber ist im höchsten Maße unmoralisch und muß aufs Nachdrückliche bekämpft werden. Es ist unbedingt zu verlangen, daß der außereheliche Geschlechtsverkehr des Mannes nicht mehr als selbstverständliche Notwendigkeit gelte …*[17]

Angesichts der Tatsache, dass außereheliche Verhältnisse erschreckend häufig zu ungewollten Schwangerschaften führten, die in erster Linie für die Frauen katastrophale Folgen hatten, stellt man sich die Frage nach der Empfängnisverhütung. Welche Möglichkeiten gab es und warum wurden diese offensichtlich nur sehr eingeschränkt angewandt?

»Unkenntnis und Vorurteil«

Empfängnisverhütung

Eine Flut von ärztlichen Ratgebern und Aufklärungsbüchern versuchte Ende des 19. Jahrhunderts sexuelle Aufklärung zu leisten, um einerseits die in allen Bevölkerungsschichten wütenden Geschlechtskrankheiten Syphilis und Gonorrhö (Tripper) in den Griff zu bekommen und andererseits die hohe Zahl unehelicher Kinder zu reduzieren. Manche Ärzte sahen sich wohl auch veranlasst, jenen Ehefrauen beratend beizustehen, die erschöpft von zahlreichen Schwangerschaften einfach keine weiteren Kinder wollten.

Verblüffend ist die Tatsache, dass der Zyklus der Frau im 19. Jahrhundert in gutbürgerlichen Kreisen offenbar ein Geheimnis war, sowohl für die Frauen selbst als auch für die Ärzte. Jahrhunderte altes Wissen von Geburtshelferinnen und Heilerinnen bezüglich Empfängnis, Verhütung oder aber Abtreibung schien verloren gegangen. Erst in den 20er-Jahren gelang es dem österreichischen Arzt Hermann Knaus und – unabhängig von ihm – seinem japanischen Kollegen Kyusaku Ogino, den Zeitpunkt des Eisprungs zu ermitteln und damit die fruchtbaren Tage der Frau festzustellen. Knaus stellte diese Erkenntnisse 1929 auf einem Gynäkologenkongress vor. Bis dahin schien selbst in Ärztekreisen das Thema Empfängnisverhütung von geringer Bedeutung gewesen zu sein, zeugte doch auch der Arzt Arthur Schnitzler uneheliche Kinder. Seinen Tagebüchern ist zu entnehmen, dass er während seiner Liaison mit Marie Reinhard 1896 mit der Frage der Verhütung zwar konfrontiert war, sich aber nicht besonders verantwortungsvoll verhielt. Seine Vorsicht wurde von Marie als Mangel an Zärtlichkeit beklagt, daraufhin wurde er wütend und »nannte sie ein dummes Weib – dann war ich unvorsichtig.«[18] Marie wurde wenig später schwanger.

Unter den damals zur Verfügung stehenden Möglichkeiten, war die sicherste und einzige auch von der Kirche akzeptierte Form der Verhütung, die Enthaltsamkeit. Sie war begreiflicherweise nicht sonderlich beliebt und wurde vor allem von jenen Frauen praktiziert, die nach zahlreichen Schwangerschaften keine Kinder mehr wünschten. Sie verbannten ihre Ehemänner kurzerhand aus dem Schlafzimmer.

Eine der ältesten und einfachsten Methoden der Empfängnisverhütung war der Coitus interruptus. Er bedurfte keiner wie auch immer beschaffenen Hilfsmittel und keiner Unterstützung von Ärzten oder Apothekern. Einerseits in medizinischen Ratgebern empfohlen, wurde doch immer wieder diskutiert, ob der vorzeitige »Rückzug« den Genuss des Liebesaktes beinträchtige. James Ashton wusste in dieser Hinsicht zu beruhigen und gab auch gleich Anweisung, wie die Mann vorzugehen hatte: »Man nehme stets eine saubere Serviette mit ins Bett, die der Mann während des ehelichen Akts in der Hand hält. Dann wird es ein Leichtes sein, diese Serviette so zu halten, dass sie im Augenblick des Rückzugs den Samen aufnehmen kann.«[19]

Die Ansichten über diese Form der Verhütung blieben allerdings geteilt und sie wurde von manchen Ärzten verurteilt: »Diese Praxis ist höchst peinlich. Sie stört nicht nur den Genuss, sondern direkt die Samenentleerung und ist nicht einmal sicher …«[20]

Andere wieder mutmaßten, dass sie eine schwere gesundheitliche Schädigung des Mannes mit sich brächte:

> *Vor diesem Hilfsmittel kann nicht dringend genug gewarnt werden, da es das Nervensystem des Mannes in*

außerordentlichem Grade schädigt. Die Anstrengung, im Augenblick der höchsten Erregung abzubrechen, ist so groß, daß bei dauerndem Befolgen dieses Gebrauchs schwere Nervenstörungen eintreten, die nicht selten Jahre hindurch anhalten.[21]

Der Coitus interruptus war natürlich mehr als unsicher. Eine den Frauen empfohlene, allerdings ebenfalls als höchst unzuverlässig eingestufte Methode waren Spülungen: »Das Weib kann sofort vor und nach dem Beischlaf eine Ausspritzung der Scheide mit lauwarmem Wasser und Essig 3% bis 5% vornehmen. Dieses Mittel ist stets anzuwenden, wenn irgendein anderes Mittel (auch ein vom Mann angewendetes) versagt, oder irgendeine Ungeschicklichkeit passiert. Sicher ist es aber keineswegs.«[22]

Neben Spülungen gab es die Möglichkeit chemischer Substanzen in Zäpfchen- oder Pulverform, die vor dem Geschlechtsakt eingeführt, den männlichen Samen abtöten sollten. Der Nachteil dieser Methoden lag in der schlechten Verträglichkeit dieser chemischen Cocktails, die zu schweren Entzündungen führen konnten.

Generell wäre als Schutz vor Ansteckung ein Präservativ angeraten gewesen, doch in medizinischen Ratgebern wird immer wieder der Verlust des Lustgewinns zur Debatte gestellt. Die Qualität und Verlässlichkeit der damaligen Produkte kann mit heutigen nicht verglichen werden. Präservative kannte man bereits seit der Antike. Damals waren sie aus Fisch- oder Lämmerdarm gefertigt und sollten vor allem die weit reisenden Söldner vor Ansteckung bewahren. Bis ins 19. Jahrhundert wurden Präservative aus Guttapercha[23], Fischblasen oder aus den Blinddärmen von Schafen hergestellt. 1843 gelang die Vulkanisierung des Kautschuks und ermöglichte damit eine serienmäßige Produktion von Präservativen. Mit dem Aufkommen des Kautschuk-Präservatives begann man dieses auch als sicheres Mittel gegen eine ungewollte Schwangerschaft zu akzeptieren: »Das einfachste und zweckmäßigste Mittel ist, über das erigierte männliche Glied eine undurchlässige Membran von der Form eines Handschuhfingers zu ziehen.«[24]

Hier wird auch ausgeführt wie man Kondome wäscht und mehrmals verwenden kann:

> *Man kann den gleichen Condom, wenn er solid ist, sehr oft brauchen, wenn man, nachdem er gewaschen und zwischen zwei Tüchern beiderseits getrocknet ist, Luft hineinbläst, die Öffnung an der Basis zudreht und den so aufgeblasenen Condom bis am Morgen, am besten auf einem Stück Wollstoff, trocknen lässt. Dann dreht man die Öffnung wieder auf, weitet sie gleich aus, bevor sie zu hart geworden ist, und der Condom ist von neuem gebrauchsfähig.*[25]

Mit dieser Methode ließ sich auch gleich die Unversehrtheit überprüfen. Der aus heutiger Sicht befremdlich erscheinende Umstand, dass Kondome mehrmals verwendet wurden, findet einige Zeilen weiter seine Erklärung: »Diese Details sind alle sehr wichtig, denn arme Leute können sich solche ziemlich teuren Dinge nicht jedesmal frisch kaufen.«[26]

Tatsächlich waren Kondome 1900 noch vergleichsweise teuer, ein vulkanisiertes Kautschukpräservativ der Firma Julius Fromm kostete 1 Krone, das entsprach dem Tagesverdienst einer Fabrikarbeiterin.[27] Ein Dienstmädchen verdiente zehn bis zwanzig Kronen im Monat, ein Kondom war also nicht unbedingt das Verhütungsmittel erster Wahl – ganz abgesehen davon, dass das Wissen um Verhütung nicht nur in diesen Kreisen der Bevölkerung mehr als mangelhaft war. Der engagierte Arzt August Forel, der seine Publikation schon im Titel den »Gebildeten« widmete, sprach diesen Umstand direkt an:

> *Die richtige Anwendung der Mittel zur Regulierung der Zeugungen bildet überhaupt den Angelpunkt der ganzen individuellen und sozialen sexuellen Hygiene, und es wäre die heilige Pflicht der Ärzte sich sehr eingehend mit dieser Frage zu befassen und den Gebrauch der Condome etc. an richtigem Orte zu empfehlen und zu fördern. Statt dessen herrschen noch Zopf und Vorurteil fast überall und man sieht noch fast die Mehrzahl der Ärzte darin nicht nur theologischer oder dogmatischer als die Theologen und paragraphenängstlicher als die Juristen verfahren, sondern noch viele aus Unkenntnis und Vorurteil sich selbst venerisch anstecken oder ihre eigenen Frauen mit Geburten in schändlicher Weise überlasten.*[28]

Als relativ sicher bei korrekter Anwendung galten Okklusiv- oder Schutzpessare. Schon in der Antike hatte man um eine Empfängnis zu verhüten, den Muttermund mit einer umgestülpten Zitrone verschlossen. Inzwischen hatte man, geeignetere Formen entwickelt. Das zuverlässigste Pessar, das doppelt geschweifte Schutzpessar, musste allerdings vom Arzt eingesetzt werden ein Umstand, der viele Frauen abschreckte. Zudem verblieb das Schutzpessar von einer Periode zur nächsten in der Scheide, was unliebsame Nebenwirkungen auslösen konnte. Das einfach selbst zu handhabende, runde Schutzpessar wiederum konnte bei unsachgemäßer Anwendung verrutschen, womit der Schutz nicht mehr gewährleistet war.

Tatsache ist, dass alle damals bekannten Möglichkeiten, die einen relativ sicheren Schutz vor einer ungewollten Schwangerschaft boten, entweder der Hilfe eines Arztes bedurften oder aber sehr kostspielig waren.

In jedem Fall viel zu teuer für jene Frauen, die einen zuverlässigen Empfängnisschutz am dringendsten gebraucht hätten: unverheiratete Dienstmädchen, Verkäuferinnen, Fabrikarbeiterinnen, all jene »süßen Wiener Mädeln« aus ärmlichen sozialen Verhältnissen.

»Falls es am Leben bleibt …« Ungewollte Kinder

Arthur Schnitzler, Felix Salten und Gustav Klimt

Uneheliche Liebschaften wurden von bürgerlichen Männern meist mit Mädchen eingegangen, die nicht ihrer eigenen Gesellschaftsschicht entstammten: mit Dienstmädchen aus dem eigenen Haushalt, Verkäuferinnen, Näherinnen und anderen ledigen Mädchen der Unterschicht. Zeigte ein derartiges Verhältnis Folgen, waren die Konsequenzen für die Frau ungleich schwerer als für ihren Geliebten.

Entschloss sich eine Frau, aus welchen Gründen auch immer, ihr uneheliches Kind zur Welt zu bringen, lag ein schwerer und zumeist einsamer Weg vor ihr. Die Gesellschaft war der Ansicht, dass eine ungewollte Schwangerschaft in erster Linie das Problem der Frauen wäre. Hatte das Mädchen Glück, kam der Mann für die gesetzlich verpflichteten Kosten der Geburt auf und zahlte auch Alimente. Deren Höhe und Regelmäßigkeit bestimmte er oft nach eigenem Gutdünken, waren die aus einfachen Verhältnissen stammenden Frauen doch in den seltensten Fällen in der Lage nicht gezahlte Alimente vor Gericht einzuklagen. Direkte Verantwortung für sein Kind übernahm er in der Regel nicht.

Um die Fassade der Wohlanständigkeit zu wahren, hatte die bürgerliche Gesellschaft eigene, inoffizielle Spielregeln ersonnen, wie mit dem unliebsamen Zwischenfall diskret umzugehen sei.

Schnitzlers »Der Weg ins Freie« beschreibt die damals übliche Verfahrensweise:

> *Anfang März war er [Georg] mit Anna aus Wien abgereist, da ihr Zustand kaum länger zu verbergen war … Der Plan für die folgenden Monate war entworfen. Bis zum Frühsommer wollte Georg sich mit Anna im Auslande aufhalten, dann sollte in der Umgebung von Wien ein Landhaus gemietet werden, so daß in der schwersten Zeit die Mutter nicht fern wäre und das Kind ohne Schwierigkeiten in der Nähe der Stadt in Pflege gegeben werden konnte.*[29]

Die Realität war hier Pate gestanden. Schnitzlers große Liebe Marie Reinhard wurde 1897 schwanger. Eine Ehe kam für ihn offensichtlich nicht in Betracht und Schnitzler suchte daher eine Wohnung auf dem Land, wo seine Geliebte die Geburt abwarten konnte. Das Kind, ein Sohn, kam nach mehrtägigen Wehen tot zur Welt. Marie Reinhard starb zwei Jahre später an einem Blindarmdurchbruch.

Auch als seine Geliebte Olga Gussmann nach zweijähriger Beziehung schwanger wurde, dachte er nicht an Heirat. Sie verlor das Kind, wurde allerdings erneut schwanger. Wieder suchte Schnitzler – wie bereits zuvor bei Marie Reinhard – Quartier auf dem Land, wo sie die Geburt des Kindes fern vom Wiener Tratsch erwarten konnte. 1902 wurde Sohn Heinrich geboren, doch erst ein Jahr später am 26. August 1903 heiratete er Olga auf ihr Drängen hin.

Schnitzler war bei weitem kein Einzelfall, auch sein enger Freund Felix Salten wurde mehrere Male ungewollt Vater. Salten und die sozialdemokratische Frauenaktivistin Lotte Glas waren seit 1894 ein Paar. Als Lotte Glas schwanger wurde, zog auch sie sich, um die Schwangerschaft zu verbergen, in den Monaten vor der Geburt aufs Land zurück. Erst kurz vor der Niederkunft kehrte sie nach Wien zurück und brachte 1895 im Wiener Gebärhaus ein Mädchen zur Welt. Salten zahlte dafür nach eigenen Angaben fünfhundert Kronen.[30] Wie damals üblich, wurde das Kind nach Niederösterreich zu einer Kostfrau in Pflege gegeben, wo es kurz darauf starb. Die Beziehung der beiden scheiterte daraufhin.

Salten, geborener Salzmann, hatte aber noch weitere uneheliche Kinder. Die hier erstmals veröffentliche Lebensgeschichte von Elisabeth Kotter zeichnet ein für damalige Verhältnisse keineswegs ungewöhnliches Bild. Elisabeth Kotter, 1873 geboren, ein aus Groß Enzersdorf gebürtiges Mädchen, trat wie für Mädchen aus der Vorstadt üblich im Hause Salzmann in Hütteldorf eine Stelle als Dienstmädchen an. Salten verliebte sich in das Mädchen und ging mit ihr eine Liebesbeziehung ein. Das Verhältnis hatte Folgen, Elisabeth wurde schwanger. Offensichtlich überlegte Salten eine Legalisierung der Beziehung, doch die Tatsache,

Elisabeth Kotter

dass das Mädchen streng katholisch war, Felix Salten jüdisch und sie unterschiedlichen sozialen Schichten entstammten, machte eine Heirat unmöglich. Dennoch entschloss sich Elisabeth, das Kind zur Welt zu bringen und gebar 1896 ihre Tochter Caroline. Die Umstände der Geburt sind nicht näher bekannt. Obwohl eine legitime gemeinsame Zukunft nicht vorstellbar war, bestand das Verhältnis weiter und 1898 wurde Sohn Ottmar Peter geboren. Salten unterstützte im Unterschied zu vielen anderen seiner Geschlechtsgenossen seine beiden unehelichen Kinder finanziell und ermöglichte ihnen eine Erziehung nach bürgerlichen Maßstäben. Die Tochter erhielt unter anderem Klavierunterricht und der Sohn eine Ausbildung an der Akademie in Wien.

Offensichtlich noch während seiner Beziehung zu Elisabeth hatte Salten bereits 1896 eine Liebesaffäre mit der Burgschauspielerin Ottilie Metzl begonnen, die er 1902 heiratete. 1903 wurde Sohn Paul geboren und 1904 Tochter Anna Katharina. »Von da an begann mein Schicksal leichter zu werden. Meine Frau, geistig, künstlerisch hochstehend, von großem Seelenadel, hatte bestimmenden Einfluß auf mich.«[31] Das Kompliment, das Salten seiner Frau bezüglich ihres Seelenadels machte, mag sich auf die Tatsche begründen, dass Ottilie offensichtlich über seine Beziehung zu Elisabeth Kotter Bescheid wusste, und Verständnis zeigte. Caroline, seine Tochter aus dieser Verbindung, soll nämlich mehrmals im Hause Salten erschienen sein und nach ihrem Vater gefragt haben.[32]

Elisabeth Kotter, alleinstehend und Mutter zweier unehelicher Kindern, hatte in der Zwischenzeit per Heiratsannonce einen Mann gesucht. Der Schlossermeister Peter Hartmann meldete sich und sah in den beiden Kindern kein Hindernis für eine Ehe. Die Ehe scheint glücklich gewesen zu sein, denn es folgten noch weitere fünf Kinder. Einige erhaltene Postkarten, die Salten Lisi – wie er sie nannte – schrieb, zeigen, dass ein freundschaftliches

Verhältnis weiterhin bestehen blieb.[33] Die Postkarten stammen aus den Jahren 1909 bis 1921, als beide bereits verheiratet waren. Elisabeth Kotter, verehelichte Hartmann starb 1946.

Genaueren Einblick in eines der unzähligen namenlosen Schicksale unehelicher Kinder und deren Mütter bietet die Geschichte einer weiteren Künstlergeliebten. Ein erhaltener Briefwechsel zeigt aus der Sicht des Kindesvaters die Situation seiner ungewollt schwanger gewordenen Geliebten. Der Vater der beiden Kinder Maria Zimmermanns war niemand geringerer als der zu diesem Zeitpunkt bereits bekannte und gefeierte Maler Gustav Klimt.

Gustav Klimts Hang zum schönen Geschlecht war legendär und soll ihm insgesamt vierzehn uneheliche Kinder beschert haben, sechs davon wurden nach seinem Tod gerichtlich anerkannt.[34]

Rund zwei Monate vor der Geburt seines ersten Kindes mit Mizzi, wie Klimt sie nannte, hatte ihm bereits das Prager

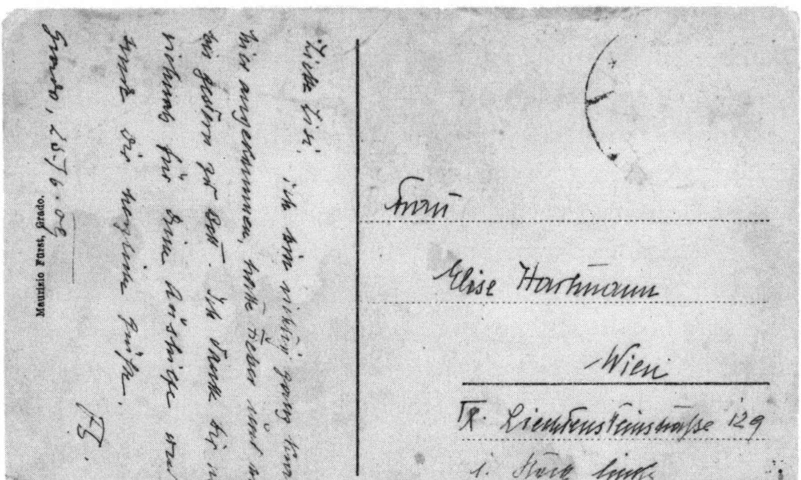
Maurizio Fürst, Grado.
Frau
Elise Hartmann
Wien
IX. Liechtensteinstraße 129
1. Stock links

Postkarte von Felix Salten an Elisabeth Kotter verehelichte Hartmann

Wäschermädel Maria Usicka einen Sohn Gustav geschenkt.[35] Ebenso war er nachweislich der Vater dreier Kinder der Consuela Camilla Huber, die seit ihrem fünfzehnten Lebensjahr als seine Haushälterin arbeitete.

Die Beziehung zu Maria begann im Herbst 1897. Auf dem Weg von der Wohnung ihrer Eltern in der Friedmanngasse 6 im 16. Bezirk zu einer Fortbildungsschule im 8. Bezirk, in dem Gustav Klimts Atelier lag, begegnete das junge Mädchen dem Künstler. Ein Traumbild von einem Mann, wie sie selbst beschrieb, »so wie ich mir das immer vorgestellt hab.«[36] Maria nahm daraufhin öfter den Weg über die Josefstädter Straße um ihren Traummann auf sich aufmerksam zu machen. Nach einigen Begegnungen lud Klimt das hübsche Mädchen tatsächlich in sein Atelier in der Josefstädter Straße 21 ein. Mizzi wurde sein Modell: »… wie viel künstlerische Inspiration und Anregung danke ich Ihnen, wie viel schöne Bilder entstanden in meinem Kopfe, im Geiste, beim Anblick Ihrer schönen Gestalt, welche ich ahnen konnte, mit dem schönen Hals, dem lieben Kopf darauf, mit dem prachtvollen Haar, wie oft habe ich davon gesprochen«[37] schrieb Klimt in einem Brief an sie.

Tatsächlich fand sich ihr Porträt in dem1899 im Zuge der Ausstattung des Palais Dumba fertig gestellten Bildes »Schubert am Klavier II«, das 1945 in Schloss Immendorf verbrannte.[38]

Aus der zunächst platonischen Beziehung scheint erst nach ungefähr zwei Jahren eine Liebesbeziehung geworden zu sein, die auch bald Folgen zeigte – Mizzi wurde schwanger. Klimt, der nur höchst ungerne Briefe schrieb und seine Korrespondenz vorwiegend in knappen Postkarten abwickelte, begann einen intensiven Briefwechsel mit Mizzi. Die an sie geschriebenen Briefe schildern nicht nur Klimts liebevolles Verhältnis zu seiner Geliebten, sondern auch die alltäglichen Nöte und Sorgen, die ihre ungewollte Schwangerschaft bei ihm auslösten.

Gustav Klimt, Schubert am Klavier, links Mizzi Zimmermann.
Das Bild verbrannte 1945

Liebe Mizzi!

Voll von Kümmernis kann ich fast nicht schreiben.
In dumpfer Verzweiflung brüte ich hin … ich bin verzweifelter als Sie jemals glauben können … immer erschien mir drohend die Gestalt ihrer armen lieben Mutter, ihres kranken Vaters, den ich nur einmal gesehen, immer und immer Ihre eigene liebe Gestalt, vorwurfsvoll in tiefer Kümmernis – das Herz wollte mir zerspringen vor Weh!
Wie schön wäre alles gewesen unter normalen Umständen …
Von Ihrem ersten Kommen an fühlte ich Sie als eine Art Verhängnis, ich ahnte es wäre besser Sie kämen nicht, aber ich konnte Sie nicht missen – der Künstler kam mit dem Menschen in Widerspruch …

> *Aber auch die Bestie im Menschen rührte sich – aber ich hielt sie nieder, wir hielten uns tapfer.*
> *Sie kamen jahrelang (2 Jahre) zu mir, dann sind Sie ausgeblieben, Sie waren rein von mir gegangen – vor der Jungfrau hatte ich heilige Scheu – wir waren gerettet.*
> *Sie kamen wieder, kamen verändert wieder, das Unheil nahm seinen Lauf.*
> *Seitdem verfluche ich den Träumer, welcher, bethört, so ganz vergaß, dass das irdische Leben weitab von einem erträumten liegt …*[39]

Das aus kleinbürgerlichen Verhältnissen stammende Mädchen, ihr Vater war Haustischler die Mutter Weißnäherin, hatte offenbar große Angst vor der Reaktion ihrer Eltern auf ihre uneheliche Schwangerschaft und schien sie zunächst geheim gehalten zu haben:

> *Sollte Ihre liebe gute Mutter so gar keine Ahnung haben?*
> *Liebe Mizzi vielleicht finden Sie den Muth ihr alles zu sagen – Mütter sind auch im Verdammen gütig – Ihre Mutter ist eine verständige intelligente Frau – vielleicht verurtheilt sie uns gnädiger als wir fürchten müssen, wenn sie unsere Reue, unsere Buße, unsere Leiden sieht – vielleicht findet sie es nicht so gräßlich unnatürlich – ist es denn auch so unnatürlich, so unbegreiflich, Mizzi?*
> *Ist es das Scheußlichste, was über zwei Menschenkinder kommen kann, muß ich hier unstet und flüchtig irren auf Erden?*
> *Bringen Sie mir ein wenig Trost indem Sie mir sagen, dass Sie mir ein wenig verzeihen, dass Ihre Mutter mich nicht ganz ganz verflucht – bringen Sie mir den Trost – ich brauche Kraft – die eiserne Pflicht gebietet es.*[40]

Trotz Reue und Verzweiflung wurde von Klimt eine Ehe mit Mizzi offensichtlich niemals angedacht, vielmehr erbat er sich von seiner Geliebten Kraft und Trost für seine Situation. Immerhin erklärte er sich sofort bereit, Mutter und Kind zu unterstützen und eine Vaterrolle zu übernehmen:

> *Ich habe für das werdende Leben, für Sie selbst zu sorgen für alle Zukunft, ich will es in väterlichster Weise, Sie sollen versorgt werden als wären Sie meine Frau, ohne dass ich Ihnen nur im Geringsten wieder nahe trete.*
> *Für das Kindlein nehmen Sie sich eine verlässliche Frau welche es unter Ihrer Aufsicht bedient.*
> *Sie selbst haben allerlei Talente, ich glaube am meisten für bildende Kunst, für Malerei, pflegen und hegen Sie dies Talent, vielleicht werden Sie jene Künstlerin, welche Ihre Mutter, welche Sie selbst wünschen, ich will Ihnen dabei helfen was ich kann.*
> *Nach einer Seite hin will ich Sie wenigstens sorglos halten, für Ihre Zukunft sorgen, als kleine kleine Buße für den Jammer den ich über uns gebracht.*
> *Aber dazu brauche ich vor allem Kraft zu wachen aus der dumpfen Verzweiflung, brauche ich neue Hoffnung – Sie bringen mir diese, wenn Sie mir sagen, dass Sie mich und vor Allem dass mich Ihre liebe Mutter nicht ganz verflucht. – ich bitte um diesen Trost, dann will ich mit verdoppelter Kraft an meine Arbeit gehen – vielleicht gestaltet sich mein Leben erträglicher als jetzt – und ich muß leben, der Anderen wegen.*
> *Wird mir Trost?*
> *In der vielleicht ganz armseligen Hoffnung darauf schließe ich.*
> *Mit herzlichsten Grüßen Ihr tief unglücklicher Freund*
> *Gustav Klimt*[41]

Als sich die Schwangerschaft nicht mehr verbergen ließ, wohnte Mizzi an verschiedenen Adressen, unter anderem auch in Hotels.[42] In der Folge dürfte Mizzi sich, wie in einer derartigen Situation damals üblich, bald aufs Land zurückgezogen haben, um ihre Niederkunft weitab vom Wiener Tratsch zu erwarten. Klimt kam für die Kosten auf.

> *Gefällt es Ihnen dort nicht wo Sie sind so rücken Sie ein wenig näher, wir helfen uns durch fleißiges Schreiben über die paar Sommermonate hinweg, ist alles vorüber kommen Sie wieder nach Wien, wieder zu mir, lassen sich in Wien häuslich und niedlich nieder, nehmen sich eine verlässliche Bedienerin, werden das Kindlein, falls es am Leben bleibt, lieb haben, ebenso ich, wir werden beide jeder in seiner Art sorgen, dass ihm nichts abgeht, es wird sich finden dass ich nicht so garstig sei wie Sie sich's ausmalen.*[43]

Für Mizzi schien die Situation naturgemäß nicht einfach gewesen zu sein und auf ihre Nöte und Sorgen, die sie ihm brieflich mitteilte, reagierte Klimt wieder mit einem verzweifelten Apell, die schwierige Situation nicht zusätzlich zu belasten:

> *So geht das nicht liebe Mizzi, wir müssen uns bessern, schönere Briefe schreiben als bisher, das sind ja die reinsten Selbstmörderbriefe, so geht das nicht.*
> *Wir machen das Ganze dadurch nicht besser, sondern schlechter.*
> *Das Brieflein, welches Sie mir schrieben zur Bestätigung des Empfanges der telegrafischen Anweisung, war nicht ohne Humor geschrieben, ich war erfreut darüber, war sofort besser gestimmt, ja es schien mir als wäre es wirklich und wahrhaftig Frühling, denn ich fühlte aus dem Briefe als wären Sie nicht so ganz, ganz unglücklich.*

Kurz war die kleine Freude, es kam der eine kurze Unglücksbrief, es kam der zweite Jammerbrief, ich war so unglücklich wie zuvor.
Wir dürfen uns nicht solche Briefe schreiben, nicht so im Jammer wühlen und in schwärzesten Gedanken uns vergraben, wir werden beide ja ganz trübsinnig, nein das dürfen wir nicht, im Gegentheil, wir müssen uns so gut es geht, gegenseitig zu trösten suchen, einer milderen besseren Lebensauffassung Raum geben …
Wie wurde mein Brief missverstanden, oder habe ich mich schlecht ausgedrückt, der sollte doch ganz Anderes sagen, als Sie und Ihre Frau Mama herausgelesen haben! Sollte er doch sagen daß das ganze Verhältnis zu einander nicht fleischlicher Lust, nicht thierischer Gier entsprang.
Es begann doch so ideal wie möglich, in reiner künstlerischer Verehrung der äußeren Erscheinung in reiner platonischer Zuneigung.
Wollte Gott, es wäre dabei geblieben!
Welchen Jammer hätten wir uns erspart liebe Mizzi!
Wo war denn unsere ganze Sünde, vielmehr meine Sünde? daß ich Sie lieber hatte als ich sollte, dass ich Sie lieb hatte und Sie nicht lieb haben durfte![44]

Er ging auch hart mit sich selbst ins Gericht. Die erotische Ausstrahlung Klimts, der seine Triebhaftigkeit hier selbst verfluchte, wirkte nicht nur auf die einfachen Mädchen, die ihm Modell standen sondern auch auf seine bürgerlichen Klientinnen, wie etwa Friederike Beer-Monti. Mizzi gegenüber gestand er auch offen seine ungezügelten Triebe ein, die ihn immer wieder in Schwierigkeiten brachten:

Ich weiß nicht warum, oder weiß es und will's nicht wissen, forschen sie nie danach, denn ich verlaufe mich dabei

immer an die Grenzen meines Denkvermögens, meiner Vernunft, ohne jemals klar zu werden, weiß nur eines sicher, daß ich jedes schöne Weib, jedes schöne gute Weib meiden soll, nur schauen soll, von der Ferne schauen, und nichts Anderes.
Es war immer Unglück, ob ich mich in Tugend hielt oder nicht.
Ferne halten, zurück! Wäre die rechte Lösung, wer kann das, welcher Mensch?
Das alles fühlte ich auch Ihnen gegenüber, immer und immer sagte mir die Stimme des Gewissens du sollst nicht, du sollst nicht!
Nicht einmal sehen sollst du, um wie viel weniger mehr!
Immer hatte ich die besten Vorsätze bei Ihrem Fernsein und immer zerstoben die guten Vorsätze in die Winde bei Ihrer Anwesenheit.
Bis ich endlich in so furchtbarer Weise an die Vernunft gemahnt wurde …[45]

Klimt mietete für Mizzi ganz in der Nähe seines Ateliers eine Wohnung in der Tigergasse 38, Tür 17, die sie zwei Wochen vor der Entbindung bezog. Hier erblickte sein Sohn Gustav am 1. September 1899 im Beisein einer Hebamme das Licht der Welt . Getauft wurde das Kind in der Kirche zu den sieben Zufluchten in der oberen Lerchenfelderstraße. Taufpate war der Gutsbesitzer und k. u. k. Truchsess Rittmeister Josef von Savinschegg, der sich allerdings bei der Zeremonie von Mizzis Vater Johann Zimmermann vertreten ließ.[46]

Klimt wohnte nicht mit Mizzi zusammen. Seit dem Tod seines Vaters lebte er mit seiner Mutter und zwei Schwestern in einem gemeinsamen Haushalt in der Westbahnstraße 36.

Wie seinen Briefen an Mizzi zu entnehmen ist, hatten ihn Miete und Einrichtung für Mizzis Wohnung im Vorfeld offensichtlich in finanzielle Bedrängnis gebracht:

> *War in München, dort ein Schuld einzutreiben, leider wird sich die Sache verzögern, werde das Geld nicht gleich erhalten, vielleicht erst in Wochen, jedenfalls nicht die nächsten Tage, ich kann vorläufig nichts senden, von zu Hause habe ich mir knapp mitgenommen, ich habe sicher gerechnet, ich bringe von München das Geld gleich mit (hoffentlich dauert's nicht allzu lange). Du wirst mit dem von mir erhaltenen nicht auskommen, der Zins muß gezahlt werden, es wird für die »Einrichtung« verdammt wenig überbleiben, vielleicht geht es doch die Einrichtung auf Raten zu nehmen auch wenn's theurer ist, das längere Ausbleiben des Münchnergeldes bringt uns nun einmal in Verlegenheit.*[47]

Ab der Geburt des Kindes sandte Klimt nachweislich mehr oder weniger regelmäßig zwanzig Gulden, die er seinen Briefen beilegte. Dies scheint nicht ganz einfach gewesen zu sein. Klimt war offensichtlich um Geheimhaltung bemüht und postalische Geldsendungen waren nicht unproblematisch:

> *Trotz der gutgemeinten Warnung wähle ich wieder diesen Weg, ich habe Dir schon einmal erklärt warum ich dieß so mache. Man darf auch in einem recommandirten Brief kein Geld senden …*
> *Es ist also noch mehr riskiert als durch einen gewöhnlichen Brief den man bequem in ein »Kasterl« wirft – und was die Geringfügigkeit des Betrages betrifft, so möchte ich bloß erwähnen daß 5 mal zwanzig auch hundert giebt. Mehr wie zwanzig traue ich nicht zu riskiren weil der Brief zu dick wird – dafür kommt‹s öfter.*[48]

Seinen Schreiben ist zu entnehmen, dass Klimt offensichtlich immer wieder in Geldnöten war. Einerseits, weil er auch seine Mutter und zwei Schwestern erhalten musste, andererseits scheint er keine gute Hand für Geld gehabt zu haben. Bisweilen hatte er jedenfalls Schwierigkeiten seinen selbst auferlegten Verpflichtungen nachzukommen. Wirft man einen Blick auf seine Einnahmen, so zeigt sich allerdings, dass er ausgezeichnet verdiente. 1899 erhielt er für das Bildnis Serena Lederer die stattliche Summe von 17 000 Gulden – umgerechnet 35 000 Kronen, das sind rund 150 000 Euro.[49] 1905 betrug der Preis für ein Klimtporträt 5000 Gulden beziehungsweise 10 000 Kronen. 1908 verkaufte er das Bildnis der Emilie Flöge für circa 12 000 Kronen an das Niederösterreichische Landesmuseum. Im Vergleich dazu betrug das Monatsgehalt eines Hausdieners rund einhundert Kronen, das eines Lehrlings dreißig Kronen und die Miete einer kleinen Stadtwohnung belief sich auf rund vierzig Kronen.[50]

Trotz seines ausgezeichneten Verdienstes – Klimt malte pro Jahr rund ein großes Frauenporträt und zwei bis drei Landschaften –, schienen die Zuwendungen an Mizzi immer wieder ein Problem zu sein. Offensichtlich hatte er auch immer wieder Schwierigkeiten die Miete für ihre Wohnung zu begleichen.

Abgesehen von den immer wieder auftretenden finanziellen Nöten zeigte Klimt lebhaftes Interesse am Wohlergehen von Mutter und Kind. Aus seiner Korrespondenz mit Mizzi erschließt sich ein liebevolles und enges Verhältnis zu seiner Geliebten, die er an seinen ganz persönlichen Ängsten, gesundheitlichen Unpässlichkeiten, Alltagssorgen und Schaffenskrisen teilhaben ließ. Von seinen Sommerurlauben am Attersee, die er mit der Familie Flöge verbrachte, schrieb er Mizzi regelmäßig trotz seiner legendären Schreibfaulheit. Auch an seinen kleinen Sohn dachte er und fügte zu dessen erstem Geburtstag seinem Brief an Mizzi einige Zeilen direkt an ihn an:

Mein liebes Gusterl! Ich gratuliere Dir von ganzem Herzen zu Deinem Geburtstag und wünsche Dir das Allerbeste für die Zukunft. Nun bist Du schon ein ganzes Jahr alt, das heißt also du bist schon ein ganz kleiner Mann von dem man verlangt daß er allein gehen kann, daß er Mama und Papa sagen kann oder lernt, daß er verschiedene Dinge höchsteigen verlangt und zwar mit dem Worte, Dinge welche er bis jetzt ohne das Wort zu nehmen unter gewisser Stille vor sich gehen ließ.
Ich bin neugierig ob Du das Alles fein treffen wirst damit man dich ein feines Büblein nennen kann. Nochmals die besten Wünsche.[51]

Auch drückte er immer wieder seine Freude an dem offensichtlich lebhaften Kind aus: »Daß der kleine ›Kerl‹ schlimm und lebhaft ist – ist ja gut, zeigt von Temprament, und ist viel besser, als so ein stilles ruhiges ›Hascherl‹ und du bist gewiß zufrieden, daß er ›aufzulösen‹ giebt.«[52]

Eine Anekdote, die Klimt in seiner Rolle als Vater beschreibt, übermittelte Mizzi selbst in einem Gespräch mit ihrer Urenkelin.[53] Als der kleine Gustav seine Mutter mit einem ihm zum Spielen überlassenen hölzernen Fleischschlögel spielerisch schlägt, legt der Vater seinen Sohn kurzerhand übers Knie. Der Kleine wies daraufhin dem Vater beleidigt die Tür.

Die guten Vorsätze, Mizzi nie mehr nahezutreten, die Klimt anlässlich ihrer ersten Schwangerschaft gefasst hatte, hat er nicht eingehalten. Mizzi schenkte ihm im Juni 1902 ein zweites Kind.

Offensichtlich hatte Mizzi auch dieses Kind zu Hause im Beisein einer Hebamme entbunden. Der gesund geborene Otto starb nach zweieinhalb Monaten im September 1902. Wie lange die Beziehung Klimts zu Mizzi weiter bestand ist nicht klar. 1904 wurde das Haus in der Tigergasse abgerissen und Mizzi wohnte an verschiedenen Adressen, seit 1909 nachweislich in der Hernstorfertstraße 19 im 13. Bezirk.

Zu seinem Sohn Gustav blieb die Beziehung aufrecht. Als dieser noch nicht achtzehnjährig zum Militär wollte und den Vater um sein Einverständnis und finanzielle Unterstützung bat, lehnte Klimt ab, denn er wollte, dass Gustav junior zuerst seine Berufsausbildung beendete. Da er aber seinen Sohn nie offiziell anerkannt hatte, blieb ihm die Möglichkeit einzugreifen verwehrt und der Sohn rückte ein. Die letzte Begegnung zwischen den beiden verlief also enttäuschend. Als der Sohn aus dem Krieg zurückkehrte, war der Vater bereits tot.

Mizzi, die über lange Jahre eine besonders enge Beziehung zu Klimt hatte, zeigte offenbar stets Verständnis für seinen Drang nach Freiheit und fügte sich in ihr Schicksal einer heimlichen Geliebten. Noch Jahre nach ihrer Liebesbeziehung, als 95-jährige Frau erinnerte sie sich voll Liebe und Respekt an Klimt und sprach von seiner »auffallenden Erscheinung« und seinem guten, empathischen Wesen. Bescheiden nahm sie sich persönlich zurück, um seine Entwicklung als Künstler nicht zu behindern.

Irgendwann brach Klimt den Kontakt zu Mizzi bis auf die monatlichen Zahlungen von einhundert Kronen ab, und vermied von da ab jedes persönliche Gespräch. Als Klimt im Sterben lag wurde sie nicht zu ihm vorgelassen. Mizzi und ihr Sohn Gustav erbten laut Testament die eher bescheidene Summe von 4000 Kronen.[54] Nach Klimts Tod geriet Mizzi in große finanzielle Not und versuchte als Näherin und Schaffnerin ihren Lebensunterhalt zu bestreiten. 1931 heiratete sie schließlich den zwanzig Jahre älteren, bereits pensionierten Straßenbahnkondukteur Leopold Graindl. Maria Zimmermann starb 1975 im Alter von 96 Jahren.

»Die Frucht des Fehltritts vor der Welt verbergen«

Das Wiener Gebär- und Findelhaus

Hatte eine Frau nicht die Möglichkeit einer heimlichen Hausgeburt mit einer Hebamme, so blieb für eine anonyme Geburt eine bereits im 18. Jahrhundert gegründete Institution:

> *Es ist hiemit ein Zufluchtsort eröffnet, in welchem alle jene, die ihrer Entbindung, aus welchen Rücksichten immer, mit Furcht und Bangigkeit entgegensehen, indem sie hier vor aller Nachforschung und Entdeckung, vor allen Kränkungen und Verfolgungen gesichert, die sorgfältigste Pflege und Wartung erhalten, mit ruhigem Gemüthe ihr Geburtsgeschäft vollenden und, falls sie es nöthig erachten, die Frucht ihres Fehltritts für immer vor der Welt unter dem Schutze öffentlicher Autorität verbergen können.*[55]

Seit 1784 ermöglichte das unter der Leitung von Johann Lukas Böer eröffnete Wiener Gebär- und Findelhaus Frauen ihre unehelichen Kinder unter Wahrung ihrer Anonymität zur Welt zu bringen. Es war auch möglich, das neugeborene Kind der Findelanstalt zu überlassen. Die Geheimhaltung blieb allerdings nur dann gewahrt, wenn sowohl für die Geburt als auch für die Aufnahme des Kindes gezahlt wurde. Damit war eine zu diesem Zeitpunkt in Europa einmalige Institution geschaffen worden.

In der Zahlgebärabteilung wurden Frauen weder nach Namen und Stand, noch nach ihrer Herkunft befragt. Sie mussten lediglich ein versiegeltes Kuvert mit ihrem Namen hinterlegen, damit man im Falle ihres Todes die Verwandten verständigen konnte. Um diesen Frauen ungesehen Eintritt in die innerhalb des Krankenhauskomplexes liegenden Entbindungsanstalt zu gewährleisten, wurde bei der Eröffnung des Allgemeinen Krankenhauses eine kleine Gasse freigegeben, die zu dem sogenannten »Schwangerentor« führte. Hier wachte ein diskreter Portier: »Man läutet an dem Thore, oder meldet sich bei diesem Thorsteher, zu welcher Stunde des Tages oder nachts man will, und erhält durch ihn nach der Bezahlung, die man leistet, den Platz angewiesen.«[56]

In der ersten und teuerste Klasse der Zahlenden standen elegant eingerichtete Einzelzimmer, zu denen ungefragt nicht einmal der Direktor des Allgemeinen Krankenhauses Zutritt bekam, zur Verfügung. Die Frauen konnten eigene Dienstboten mitbringen, und erhielten auf Verlangen sogar »... sehr niedliche Nachtkleidung von Muselin und Brachent.«[57] Hier entbanden die Frauen, um ihre Identität nicht preiszugeben, verschleiert ihre Kinder.

In der zweiten Klasse der Zahlgebärabteilung mussten sich die Frauen ein Mehrbettzimmer teilen, in dem die einzelnen Betten durch Vorhänge getrennt waren.

Die dritte Abteilung der Zahlklasse unterschied sich von der Gratisgebärabteilung dadurch, dass die Frauen frei waren zu kommen und zu gehen wie sie wollten, Besuch zu empfangen und ihre Anonymität gewahrt war.

Die mittellosen Frauen, die für ihre Geburt nicht bezahlen konnten, erfuhren eine deutlich weniger verschwiegene Behandlung. Sie mussten durch den Haupteingang und die Höfe des Allgemeinen Krankenhauses in den Gebärhaustrakt gehen, wo im Saal der Gratisklasse fünfzig bis siebzig Betten eng beieinander standen. In dieser Abteilung wurden die Frauen als Gegenleistung für die Geburt und die anschließende Übernahme ihres Kindes verpflichtet, Arbeiten im Haus zu übernehmen, für die

Ausbildung von Geburtshelfern und Hebammen zur Verfügung zu stehen und einen viermonatigen Ammendienst zu leisten.[58]

Der zu leistende Arbeitsdienst schonte die Frauen nicht:

> *Ihre Arbeit besteht im Holz und Wasser tragen; beschwerlich ist namentlich das Letztere für so viele Localitäten, für so viele Kinderbäder u. s. w. Auch das Holztragen in die zweiten Stockwerke hinauf ist keine leichte Arbeit besonders im Winter, wo die Leute oft sehr leicht bekleidet sind. Sie haben ferner die schmutzige Wäsche hinaus, die reine wieder hinaufzutragen, die ganze Kinderwäsche für einen Stand von beiläufig 200 Säuglingen zu besorgen …*[59]

Weiters mussten Böden gescheuert, Aborte gereinigt und Holz gespalten werden. Erst 1900 wurde durchgesetzt, dass schwangere Frauen von den schwersten Arbeiten enthoben wurden.

Der Arbeitsdienst war zwar schwer, aber nicht so entwürdigend, wie die Verpflichtung sich als »Studienmaterial« für den akademischen Unterricht zur Verfügung zu stellen. Vor allem in der ersten Hälfte des 19. Jahrhunderts genoss das Wiener Gebärhaus internationalen Ruf als Ausbildungsort für die Disziplin der Geburtshilfe und zahlreiche Ärzte aus dem Ausland kamen um hier zu studieren. Für die Frauen bedeutete das »im Beiseyn der Hebammenschülerinnen und Studierenden gebären, sich dem Anblicke einer Anzahl von jungen Ärzten aussetzen, mit sich allerlei Manipulationen und Experimente vernehmen lassen.«[60]

Sie mussten sich von bis zu zwölf Studierenden nacheinander untersuchen lassen, eine Tortur deren Unmenschlichkeit einer der Ärzte anprangerte:

> *Wer nun weiß, was es heißt Schwangere, Gebärende oder Wöchnerinnen zu Unterrichtszwecken [zu] verwenden, der muß auch bekennen, daß dieß nur einem gänzlich*

> *verworfenen Geschöpf gleichgiltig sein kann, jede andere Frau kann dazu nur die bittere Nothwenigkeit, der Mangel eines jeden Ausweges zwingen.«*[61]

Er stieß mit dieser Ansicht bei seinen Kollegen auf Unverständnis, herrschte doch die allgemeine Meinung, dass eine unverheiratete schwangere Frau sowieso bereits so tief gesunken wäre, dass sie ohnedies jedes Schamgefühl verloren hätte.

Hatte die Frau ihr Kind geboren, musste sie, so sie gesund war und über ausreichend Milch verfügte, vier Monate Ammendienst leisten. Das bedeutete in der Theorie ein zusätzliches Kind zu stillen. Die Praxis sah freilich anders aus. Gab es Engpässe in der Versorgung mit Ammen, mussten die Frauen bis zu vier Kinder stillen. Das bedeutete einen Arbeitstag, der um vier Uhr früh begann und streng reglementiert bis acht Uhr am Abend dauerte.

Begreiflicherweise war der Dienst als Amme nicht sonderlich beliebt, wie ein Artikel im Wiener Illustrierten Extrablatt 1872 beschrieb: Es sei »… selbstverständlich, daß die vom Arzte für geeignet Erklärten häufig in ein Jammergeschrei ausbrechen und sich meistens nur schwer in die viermonatige Gefangenschaft im Findelhaus zu finden wissen.«[62]

Um sich diesem Dienst zu entziehen, schützten die Frauen daher Milchmangel, eine Mastitis oder aber eine frühere venerische Erkrankung vor, die sie automatisch vom Ammendienst ausschloss.

Die der Anstalt überlassenen Kinder wurden Kostfrauen in »Außenpflege« übergeben. Als Kostfrau stellten sich vor allem jene Frauen zur Verfügung, die mit Hilfe des Kostgeldes ihr eigenes Überleben sichern wollten: »Diese machen eine Art Gewerbe daraus, suchen dabei ihren Unterhalt, und thun den armen Geschöpfen kaum so viel Treue, als Noth sie zwinget durch der Kinder Leben ihr eigenes fort zubringen.«[63] Vor allem Frauen von Bauern und Kleinhäusler aus den Vorstädten oder aus den Arbeiterbezirken der Stadt Wien bewarben sich um Kostkinder. Die Sterblichkeitsrate der unter ärmlichsten Bedingungen übernommenen Säuglinge innerhalb ihres ersten Lebensjahres war daher entsprechend hoch.

Ab den 60er-Jahren begann man die Geheimhaltung zu diskutieren, die bei den mittellosen Frauen auf Grund der Meldepflicht und des Nachweises ihrer Mittellosigkeit durch Ämter und Behörden sowieso nur eingeschränkt zu wahren war. Der ursprüngliche Beweggrund der Anonymität war darin gelegen, die Frauen in erster Linie vor der Schande zu bewahren ein uneheliches Kind zur Welt zu bringen:

> *Die Humanität wollte der ledigen Mutter einen Rettungsanker der Ehre bieten, sie wollte den pflichtvergessenen Verführer vor bösem Leumund schützen, sie wollte das uneheliche Kind der Gefahr des Verderbens entreißen – sie wollte mit einem Worte die Folgen der Unsittlichkeit vor der bürgerlichen Gesellschaft mildern.*[64]

In der Zwischenzeit war die Gebäranstalt zu einem Auffanglager für mittellose, auch verheiratete Frauen der Unterschicht geworden. Tatsächlich betraf die ursprünglich so wichtige, strenge Geheimhaltung letztendlich nur die zahlungskräftige Klientel, kostete doch eine anonyme Geburt ab 1868 250 Gulden. Man war daher nunmehr der Ansicht, dass die Anstalt den Missbrauch anregte und der Unsittlichkeit Vorschub leistete. Man wollte vor allem reiche Eltern in die Pflicht nehmen, für ihre unehelichen Kinder selbst zu sorgen:

> *Deshalb soll nur wirkliche Armuth unehelicher Eltern, nicht aber eitle Geheimthuerei den Staat zur Unterstützung derselben bestimmen. Der Rechtsstaat soll weniger das Geheimniss der Eltern als die Forderung der Natur in*

> *Act nehmen …, er soll die Mutter zu ihrer und den Vater zu seiner Pflicht verhalten.*[65]

1910 wurde das Landes-Zentralkinderheim in Gersthof eröffnet und damit die Gebär und Findelanstalt aufgelöst. Von nun an war nicht mehr Unehelichkeit das Kriterium für eine Aufnahme sondern Mittellosigkeit. Die Aufnahmezahlen des Landes-Zentralkinderheimes nahmen ab 1910 rapide ab.

»Kummer und Elend, Sünde und Pein«

Dienstmädchen als ledige Mütter

Ein Großteil der nicht zahlenden Klientel des Gebär- und Findelhauses rekrutierte sich aus den weiblichen Dienstboten bürgerlicher Haushalte. Die allgemein übliche Praxis, dass das zumeist vom Lande kommende weibliche Dienstpersonal in den bürgerlichen Haushalten sowohl den Söhnen als auch den Hausherren zur Verfügung stehen musste, wurde in einem für die Zeit ungewöhnlich kritischen medizinischen Ratgeber thematisiert:

> *Gibt es doch unzählige Häuser, in denen die männlichen Mitglieder der Familie weibliche Hausangestellte als Freiwild betrachten, dem sie mit List und Gewalt nachstellen, bis sie ihr Ziel erreicht haben. Hier ist diese Handlungsweise doppelt verwerflich und gemein, weil Dienstpersonal begründeten Anspruch auf den Schutz des Hauses hat, dem es seine Dienste widmet.*[66]

Dass die Kritik an der hinter einer wohlanständigen bürgerlichen Fassade gelebten Doppelmoral mehr als berechtigt war, zeigen Fälle, wie jener, der in der Dienstbotenzeitung veröffentlicht wurde:

> *Im Hause eines bekannten reichen Fabrikanten des dritten Bezirkes diente ein Stubenmädchen, welches leider so leichtsinnig war, den Versprechungen des Bruders der »Gnädigen« Glauben zu schenken und mit diesem ein Verhältnis einzugehen. Von diesem Verhältnis wusste die ganze*

> *Familie, was auf die Moral dieser »Herrenmenschen« allein schon das entsprechende Licht wirft. Als das Verhältnis Folgen zeigte, wurde das Mädchen überredet, zur Verhütung derselben einen verbotenen operativen Eingriff vornehmen zu lassen. Auch davon wußte die ganze Familie.*[67]

Einen hautnahen Einblick in das Schicksal eines Stubenmädchens, die ungewollt schwanger vom Sohn ihres Dienstherrn, ein Kind zur Welt brachte, bieten die hier erstmals veröffentlichten Lebenserinnerungen des Stubenmädchens Agnes Scherer, die ihre Tochter Marianne siebzigjährig für die Nachwelt festhielt. Die Tochter schildert die Geschichte zunächst so, wie ihre Mutter sie ihr erzählt hatte. Im Anschluss an die Lebensgeschichte ihrer Mutter erzählt die Tochter aus der eigenen Perspektive von ihren Erlebnissen. Die Aufzeichnungen liefern das erschütternde Zeugnis einer Kindheit, die unter dem Makel der Vaterlosigkeit und einer angespannten Beziehung zur Mutter stand.

Am 27. Oktober 1880 wurde Agnes Scherer als Tochter des Leinen- und Tischzeugwebers Adalbert Scherer in Wihorschen, Gemeinde Sablat geboren. Ihre Mutter Maria Krschisch war ein Kind aus einer unehelichen Verbindung mit einem ungarischen Soldaten, der auf Grund der damaligen Vorschriften vor Beendigung einer zwölfjährigen Dienstzeit nicht heiraten durfte. So wurden die beiden Kinder, die dieser Beziehung entstammten unehelich geboren. Nachdem die Mutter an der Cholera starb, wurde Maria mit vier Jahren zu ihrem Großvater gebracht, ihr Bruder Karl in ein Kinderheim »zu den Kindern … für die der Kaiser aus seiner Privatschatulle sorgte. Man hat nie mehr von ihm gehört.«[68]

Nach dem frühen Tod des Großvaters um ihr Erbteil von dessen zweiter Frau betrogen, musste Maria »in fremde Dienste gehen« und wurde hauptsächlich zum Wasser holen und Vieh hüten herangezogen.[69]

Agnes Scherer mit Tochter Marianne

Mit 26 Jahren, als Maria Adalbert Scherer heiratete, hatte sie bereits ein hartes Arbeitsleben hinter sich. Als die gemeinsame Tochter Agnes geboren wurde, führten die Eltern ein entbehrungsreiches Leben, das wenig Raum für Vergnügen und Freizeit ließ. So war auch Agnes Kindheit von Beginn an von der Arbeit am Hof ihrer Eltern geprägt. Mit ungefähr sechs Jahren besuchte sie die eine dreiviertel Stunde Fußmarsch entfernt gelegene Schule, die das kleine Mädchen als Vergnügen und Abwechslung empfand. Am Abend, wenn die Schularbeiten erledigt waren, half sie dem Vater spulen, in den Schulferien im Sommer arbeitete sie ebenfalls am elterlichen Hof.

1901 ging sie das erste Mal nach Wien, um sich ihren Unterhalt als Stubenmädchen zu verdienen. Im Oktober 1902 wechselte sie den Dienst und trat eine Stelle bei Familie R. im 8. Bezirk an. Als einer der Söhne der Familie, Ernst, von den Eltern ein Gut in Ungarn überschrieben bekam, fiel Agnes die Aufgabe zu, den dortigen Haushalt einzurichten. Der Aufenthalt fern von Wien wurde für Agnes abseits von der bis dahin gekannten Arbeitsroutine zu einem außergewöhnlichen Erlebnis, denn sie wurde in das Privatleben der Familie eingebunden:

> *Ich selbst war dort mit seinen Eltern das Gut einrichten … Dieser Sommer war für mich schön, überall lachte mir Liebe und Schalk entgegen, ich war so unbesorgt und lebenslustig obwohl ich außer der Herrschaft wenig Verkehr pflegte von wegen der Sprache. Wir gingen, der Herr, die Frau, der Sohn und ich an Sonntagen spazieren oder fuhren weiter fort. Das andere Personal wurde nie dazu aufgefordert mitzukommen und so kam es, daß der Sohn und ich uns ganz unbewußt näherten und mir dieses Liebeswerben und Schäkern zum Verhängnis wurde. Ich war ihm verfallen, ich hatte doch auch in der Heimat Verehrer*

die mir schrieben, aber die Liebe hatte da nirgends mitgetan.[70]

Die Liebesbeziehung hatte unerwünschte Folgen, Agnes wurde schwanger und war verzweifelt: »Ich war ganz gebrochen, hätte mir Ernst nicht immer gütig zugeredet, ich weiß nicht ob ich nicht eine Dummheit begangen hätte. Im September fuhr ich nach Wien … Jedes Schreiben von Ernst war für mich Sonnenschein.«[71]

Diese Schreiben kamen allerdings selten, denn die Mutter, die die Beziehung ihres Sohnes zu Agnes zunächst unterstützt hatte, versuchte nun, nachdem ihr Sohn ihr alles gebeichtet hatte, die nicht standesgemäße Verbindung zu hintertreiben und passte die Briefe ihres Sohnes an ihr Stubenmädchen ab. »Ich wußte nicht, daß Ernst seiner Mutter alles gestanden und ihr versprechen mußte mir nicht zu schreiben … Ich sollte bei ihnen bleiben bis es sich nicht mehr verbergen ließ, dann ein Zimmer nehmen.«[72]

Agnes ereilte das damals übliche Schicksal: hatte die Liebesbeziehung eines Dienstmädchens mit ihrem Dienstherrn oder dessen Sohn unliebsame Folgen, wurde sie entlassen, um die bürgerliche Fassade der Anständigkeit zu wahren. Dem unglücklichen Mädchen, mittellos und nun auch noch ohne Stellung, blieb die Möglichkeit einer illegalen, gefährlichen Abtreibung oder einer heimlichen Geburt und die anschließende Abgabe ihres Kindes an eine Kostfrau. Nur so war es für sie möglich, wieder eine Anstellung zu finden, um den eigenen Lebensunterhalt zu verdienen und die Kostfrau für das Kind bezahlen zu können.

Agnes, die ihren Zustand geheim halten wollte, entschloss sich, die Familie vorzeitig zu verlassen und hatte das Glück, eine neue Stelle bei einer Frau zu finden, die Verständnis für ihre Situation zeigte:

> *Ich fand bald den Posten bei Fr. Friedmann, der sagte ich gleich von meinem Zustand und ich wollte nur für Kost dienen. Nun war ich Köchin dort. Diese Frau war sehr vernünftig, es ging mir gut dort und bekam auch den Lohn. So konnte ich ungeniert schreiben und sprechen … Nachhause schickte ich Geld wie immer, denen wollte ich den Kummer ersparen, nur Bruder Pius war in Kaltenleutgeben, dem sagte ich es, der schwieg.*[73]

Ernst, der Vater des Kindes kam nach Wien auf Besuch und nahm offensichtlich Kontakt zu Agnes auf. Er instruierte sie, ihn sofort zu verständigen, sollte das Kind ein Bub werden, denn den würde er anerkennen, damit er seinen Namen trüge. Bei einem Mädchen sah er keinen Handlungsbedarf, da dieses sowieso den Namen durch Heirat verlieren würde.

Kurz vor der Geburt scheint Agnes ihre Anstellung verlassen und Quartier bei einer Kostfrau genommen zu haben. Von ihr wurde sie auch in die Gebär und Findelanstalt gebracht um dort anonym ihr Kind zur Welt zu bringen:

> *Nun war es eines Tages so weit, daß mich die Kostfrau bei der ich schon 3 Wochen wohnte, mit mir in die Alserstr. Zahlabteilung ging. Da kam mein Kind Marianne an einem Samstag abends 6 Uhr zur Welt. Von der Stunde an war ich hauptsächlich besorgt, daß sie mir unter den vielen Kindern beim Baden nicht vertauscht werde. Ich wollte nur mein Kind. Ich war nie eine große Kinderfreundin. Ich mußte nach einigen Tagen Marianne in Kost geben. Ich konnte das Kind nicht stillen, denn ich mußte wieder verdienen. Drei Wochen war ich noch in Liesing zur Erholung, dann wieder bei Friedmann als Köchin, die mich auch besucht hatte.*

> *Marianne war gesund und soweit alles in Ordnung. Ernst schickte mir Geld zur Erholung und Kostgeld für das Kind. Ich war einige Zeit im Posten und fuhr jede Woche nach Liesing. Die Sehnsucht war immer groß, nur schien es mir mit der Zeit, das Kind werde immer weniger.*[74]

Obwohl das kleine Mädchen offensichtlich nicht gut versorgt war, entschloss sich Agnes mit ihren Dienstherrn, der Familie Friedmann im Sommer an den Mondsee zu fahren und bat ihren Bruder Pius, der einzige ihrer Familie den sie ins Vertrauen gezogen hatte, während ihrer Abwesenheit nach dem Kind zu sehen. Er schien dieser Aufgabe gewissenhaft nachgekommen zu sein, denn schon bald verständigte er seine Schwester vom schlechten Zustand ihrer Tochter.

Agnes kehrte daraufhin zurück und fand ihr Kind tatsächlich in erbärmlichem Zustand: »Nur ein großer Kopf und große Augen und so scheu.«

Eine Nachbarin, die das Schicksal beobachtet hatte, schilderte ihr die Umstände unter denen Marianne aufwuchs: Die Kostfrau sperrte sie nicht nur bei geschlossenen Fenstern in ein Kabinett, damit man sie nicht schreien hörte, sondern stellte ihr Kostkind auch noch mit Mohnkapselsud ruhig. Die Kleider, die die Mutter für die Tochter mitgegeben hatte, waren von der Pflegemutter versetzt, das Kind war in fremde Lumpen gehüllt worden. Wie sich herausstellte hatte ein anderes Kind, das gleichzeitig hier in Pflege gewesen war, diese Behandlung nicht überstanden und war gestorben.

Die kleine Marianne war offensichtlich in die Pflege einer Engelmacherin geraten, wie der Volksmund nicht nur jene Frauen nannte, die illegale Abtreibungen durchführten, sondern auch jene, die die Pflegekinder armer Dienstmädchen, die kein hohes Kostgeld bezahlen konnten, langsam sterben ließen. Eine wie es scheint häufige Praxis, sich unerwünschte Kinder vom Hals zu schaffen, wie auch ein von Karl Heckell zwischen 1883 und 1886 verfasstes Dirnenlied schonungslos deutlich beschrieb:

Hier, mein Kind, hier, mein Kind,
Eh die Mutter kommt, geschwind!
Zuckersüßen Branntewein –
Bald lädt dich der Herrgott ein.
Schmeckt es, mein Liebchen?
So zieht man euch groß.
Eia, popeia,
Dann sind wir dich los.

Ei so geht's, ei so geht's
Zu meinem hübschen Vorteil stets.
Kinder gibt es immer frisch,
Goldne Vögel auf den Tisch.
Wie mich der klingende
Beutel entzückt!
Eia, popeia,
Bald ist mir's geglückt.

»Bist so blaß, bist so blaß«,
Seufzt deine Mutter und weint sich naß.
I, wer wird da gleich gerührt,
Wenn so'n Mädel Kummer spürt?
Kummer und Elend,
Sünde und Pein,
Eia, popeia,
Bringen was ein.

Die Methoden waren schockierend einfach und effizient. Die Kinder wurden entweder mit Branntwein oder Mohnkapselsud in einen Dämmerzustand versetzt, der sie nicht nur ruhig stellte, sondern auch ihre Nahrungsaufnahme reduzierte. Das Kind starb schließlich, die Mütter forschten nicht weiter nach, da sie wohl oft dankbar waren, die ungewollte Bürde los zu sein und die Kostfrau konnte ungestraft das nächste Kind in Pflege nehmen.

Eine Praxis die nicht nur auf die k. k. Monarchie beschränkt war. Wie man sich die Unterkunft und Versorgung dieser unglücklichen Kinder vorzustellen hat, schildert Hermann Goedsche, auch unter dem Pseudonym John Retcliffe bekannt, in einem »historisch politischen Roman aus der Gegenwart 1855–75«. In einer berührenden Szene beschreibt er, wie ein Major mit seiner Geliebten ihr gemeinsames, in Berlin in Kost gegebenes Kind besucht:

> *Der Major und die junge Dame befanden sich in einem Keller, dessen vorderer Raum zum Grünzeug- und Gemüse-Laden diente. Fässer, Bütten und Körbe standen in wüster Unordnung umher, im Hintergrund einige zerbrochene Möbeln und ein großer Waschkorb, aus dem jenes Husten und Wimmern herkam. Die Dame wollte unwillkürlich dahin, doch das Weib trat ihr mit der angezündeten Oellampe in den Weg.*
> *»Oh, nich dahin, gnädiges Madamken, das ist nur en armer Balg, die Mutter ist en Dienstmädken, die sich gleich wieder vermiethen mußte. Es hat en Bisken die Masern, und wenn des kleene Jeschöpf druf geht, na lieber Gott, es is och keen so großes Unglücke. Ick kriege bloß anderthalb Dhaler für den Wurm alle Monate und da is freilich nich viel zu machen.«*
> *»Mein Kind! mein Kind!«*
> *»Sein Sie ganz ruhig, Gnädige, darum hab' ick eben das Wurm hier abgesperrt, daß er nur die andern nich ansticht. Kommen Sie hier herein – stoßen Sie nich!« … In der Ecke*

hinter der Thür endlich war eine Art von Pritsche oder kurzem breitem Bett, mit alten Decken, einigen schlechten Bettstücken und dergleichen gefüllt, und hier lagen, als der Lichtschein darauf fiel, nicht weniger als fünf Kinder von dem zartesten Alter von kaum einigen Wochen an bis zu etwa drei bis vier Jahren; dürftige kleine Gesichtchen, denen das Elend und der Mangel an wahrer Pflege aus den hohlen Augen und den magern nackten Gliederchen sah, als der Schein des Lichtes, das ihre Versorgerin jetzt angezündet und auf den Tisch gestellt hatte, durch die Schatten des niedern, dumpfen und ungesunden Gemaches auf sie fiel … [Das] junge Mutter macht bei näherer Inspektion des Umfeldes eine grausige Entdeckung: Zufällig fiel ihr Auge auf die Milchflasche, und ehe es noch die Frau hindern konnte, nahm sie dieselbe in die Hand, zog den Pfropfen heraus und goß einige Tropfen auf die Hand. Ein widerwärtiger Dunst quoll ihr aus der geöffneten Flasche entgegen, wie von saurer verdorbener Milch, mit scharfem Alkohol geschwängert.
»Um Gott, Frau, was haben Sie da? was ist das für Milch? Ferdinand, ich bitte Dich!
Der Major nahm ihr die Flasche aus der Hand und probirte einige Tropfen.
Da ist ja Branntwein darunter, Frau!?«
»Nu freilich, een Tröpschen; was schad'ts denn? die Kinder schlafen dann desto besser. Es ist halt nur für die Nachtruh'.«
»Aber Frau, Sie werden doch einem kaum entwöhnten Säugling nicht das schändliche Getränk geben?«
»I Gott bewahre, Gnädige, das ist nur da für die gemeinen Krabben, die sonst gar nicht stille zu kriegen sind. Das Engelchen schläft ganz von selber und kriegt die

allerfrischeste Milch, wie sie nur der Charlottenburger Milchmann früh bringt. Der Kleine könnt's bei Ihnen selber nicht so gut haben, wie bei mir.« [75]

Zurück zu Agnes, die vom Zustand ihrer Tochter schockiert, einen Posten in Liesing annahm, um in der Nähe des Kindes zu sein und eine neue Koststelle suchen zu können. Jene Nachbarin, Frau Kalina, die das Schicksal des kleinen Kindes bereits des längeren verfolgt hatte, erklärte sich auf Bitten ihrer Tochter bereit, das schwer vernachlässigte Kind in Kost zu nehmen. Erst jetzt zeigte sich das ganze Ausmaß der Verwahrlosung:

Wie heil es war das zeigte sich erst als es in geordnete Verhältniße kam. Da erst kam die ganze Vernachläßigung und Vergiftung zum Ausbruch. Fr. Kalina gab sich die größte Mühe mit der Körperpflege. Der Rücken mußte massiert

Marianne Scherer

> *werden, da eine Ausbuchtung des Rückgrads bereits sichtbar war. Englische Krankheit (Rachitis) im Kopf und Bauch, Knochenerweichung, Abzehrung, halt alles was ein todkrankes Kind nur haben kann. Dann trieb es noch die Schädelknochen auseinander. Ursache: Das Fruchtwasser blieb in Folge des dauernden Hindämmerns von dem Schlaftrunk, im Kopf zurück, ward dort zu einer sulzigen Masse die zu gären begann, Folge: Stupider Gesichtsausdruck, da Gehirn nicht arbeiten konnte, Auftreibung des Schädels, kretynhaftes Aussehen.*[76]

Die engagierte neue Leihmutter begann nun eine Odyssee von Arzt zu Arzt, um das schwerkranke Kind behandeln zu lassen. Die Reaktion der Mediziner auf den Zustand des Kindes verdeutlicht drastisch den Stellenwert, den Kinder – namentlich jene aus ärmlichen Verhältnissen – in der Gesellschaft des 19. Jahrhunderts innehatten:

> *Bei vielen bekannten Ärzten ging Fr. Kalina herum, die meisten schimpften noch, wie sie sowas in Pflege nehmen könne, bis einer mehr aus Neugierde als Mitleid das Experiment wagte. Den Kopf öffnete, diese ungute Supsdanz entleerte oder absaugte, ich weiß es nicht wie es geschah, den Kopf wieder zusammen schob und verbandaschierte. Jedenfalls war es gelungen, das Kind am Leben zu erhalten. Nun mußte man abwarten, wie das alles dem Gehirn bekam, doch schon nach 3 Wochen bemerkte man die ersten geistigen Regungen und nun ging es rasch vorwärts.*[77]

Die Behandlung zeigte Erfolg und das schon eineinhalbjährige Kind erholte und entwickelt sich zusehends.

Inzwischen hatte Agnes' Mutter durch Zufall vom unehelichen Kind ihrer Tochter erfahren und fragte sie warum sie ihre

Mutterschaft verheimlicht hätte. Agnes bat die Mutter um Verzeihung und rechtfertigte sich damit, dass sie ihr Kummer ersparen wollte. Als schließlich auch der Vater davon erfuhr, stellte Agnes ihre Tochter Marianne zu Hause vor und die Großeltern schlossen ihre inzwischen dreijährige Enkelin sofort ins Herz.

1914 als der Krieg ausbrach begann eine harte Zeit. Agnes blieb mit ihrer Tochter auf dem Land bei den Eltern weil sie mangels Geld nicht die Möglichkeit hatte ihr Kind wieder in Pflege zu geben um arbeiten zu können. Die Alimente, die Ernst zahlte, blieben kriegsbedingt aus und Agnes musste sechs Jahre lang das Mädchen ohne Unterstützung großziehen. 1921 nach seiner Rückkehr aus russischer Gefangenschaft, nahm er die finanzielle Unterstützung seiner Tochter zwar wieder auf, verbot sich aber eine langwierige Ausbildung Mariannes:

> *... Im zweiten Brief schrieb er, ich solle Marianne nicht studieren lassen, nur in häuslichen Arbeiten ausbilden. Er schickte im Herbst und Frühjahr jedesmal 1000 Kr, dies noch drei folgende Jahre. Marianne machte die 2. Bürgerschule, für die 1. nur Prüfung abgelegt, dann ein Jahr Haushaltsschule im Pensionat als Externe.*[78]

Agnes war inzwischen mit dem »Hausbesitzer und Bienenzüchter« Franz Binder wohl eine Vernunftehe eingegangen. Die Verbindung war nicht ganz einfach, denn ihr Mann schien auf ihre Tochter eifersüchtig gewesen zu sein: »Ich mußte mich gegen sie schroffer zeigen als mir zumute war, damit er zufrieden ist und Ruhe im Haus war.«[79]

1945 floh Ernst aus Ungarn nach Wien zu seinem Bruder. Beim Eindringen der Russen in dessen Wohnung beging Ernst am 10. April Selbstmord.

Marianne schilderte in ihrer Lebensgeschichte das Verhältnis ihrer Eltern zueinander so:

> *Das es wahre Liebe war, erfuhr ich erst so richtig im Jahre 1945, als ich ihr, meiner Mutter, seinen Tod mitteilte, denn sie schrieb mir, da Tage vorher ihr Mann, den sie aus Vernunftgründen 1923 geheiratet hatte, gestorben war, daß sie nun heuer zwei Männer verloren, den einen den sie geliebt und den dem sie treu war.*[80]

Doch offensichtlich schien auch der Vater tiefer für ihre Mutter empfunden zu haben als es den Anschein hatte. Als ihn seine Mutter nach der Affäre mit dem Stubenmädchen umgehend mit einer standesgemäßen Partie verheiraten wollte, verweigerte Ernst dies kurzerhand mit den Worten: »Aber Mama es ist allein auch schön warm.«[81] Tatsächlich blieb er Zeit seines Lebens unverheiratet.

Für Marianne selbst war ihre uneheliche Geburt und die Tatsache vom leiblichen Vater getrennt aufgewachsen zu sein schmerzlich: »Eine traurige Tatsache, ist, daß ich zu vier Männern Vater sagte nur nicht zum Eigenen. Als Kleinkind zum Pflegevater Kalina, als junges Mädchen zum Stiefvater Binder«, und später zu den Schwiegervätern ihrer beiden Töchter.

> *Meinen Vater habe ich nur brieflich so angesprochen, nur das eine Mal als er mich 1933 auf einige Stunden besuchte.*
> *Darüber läßt sich nicht leicht berichten, das war für uns beide ein freudiger Schock. Das Eine was ich spürte war, daß ich ihn liebte und sicher ein besseres Verstehen und Einvernehmen zustande gekommen wäre als mit meiner Mutter es je der Fall war … War es etwa die Stimme des Blutes? Aber wirklich gesorgt für mich hat nur der Himmelvater.*[82]

Bitter notiert sie über ihre Geburt, die in aller Heimlichkeit in der Wiener Gebär und Findelanstalt erfolgte und offensichtlich niemandem Freude bereitet hatte: »Von meinem Herkommen wußten nicht viele Menschen, die es wußten denen war es keine Freude. Aber das Hinderniß aller Beteiligten kam am 25. April 1908 im Wiener Findelhaus in der Alserstraße am Zahlstab gesund zur Welt.«[83]

Die von ihrer Mutter als schwer geschilderte Geburt kommentierte sie folgt: »Das hat Mutter mir, als ich schon erwachsen war, sehr anschaulich erzählt, wollte damit wahrscheinlich Mitleid schinden. Auf mich machte es aber einen ganz anderen Eindruck, den, eines total verkrampften Körpers der in voller Ablehnung des Geschehens so lange als möglich hinausschieben wollte.

Keine Bereitschaft, keine Freude, ein großes Nichts empfing mich.«[84]

Doch Marianne musste nicht nur mit der Tatsache, dass ihre Geburt unerwünscht war, fertig werden. Als sie den Kontakt zu ihrer ehemalige Pflegemutter als 18-jähriges Mädchen wieder aufnahm, musste sie erfahren, dass ihre Unterbringung bei einer bestimmten, berüchtigten Kostfrau kurz nach ihrer Geburt, wohl mit Hinblick auf einen letalen Ausgang bewusst geplant worden war:

> *Mittlerweile hatten drei Menschen eine Berechnung aufgestellt, nach der ich gleich nach der Anstaltszeit zu einer Kostfrau kam, die eine Postenvermittlerin namhaft gemacht und empfohlen hatte. Die Vermittlerin war Fr. Vogel, die wohl schnell wahrgenommen, daß sie einem armen Dienstmädchen gefällig sei wenn sie eine ganz bestimmte Pflegemutter wähle, ließ Fr. Kupper dieses Geschäft zukommen. Ja in der guten alten Zeit gab es dies und war gang und gebe.*[85]

Während ihres Aufenthaltes bei Frau Kalina, die für Marianne eine liebevolle Ersatzmutter war und der Betreuung durch ihre Tochter Emma, einer ausgebildeten Kindergärtnerin, die sie förderte und ihr ermöglichte Versäumtes aufzuholen, hat sie ein distanziertes Verhältnis zu ihrer leibliche Mutter: »Als dritte Frau, die alle 14 Tage in Erscheinung trat und mehr Respeckt heischte, war Mama, mehr Mamá. Bis zum 6. Geburtstag erinnere ich mir ihrer nur als Besuchsperson.«[86]

Der Ausbruch des Ersten Weltkrieges trennte Marianne von ihren Pflegeeltern. Marianne blieb nun bei ihrer leiblichen Mutter und ihren Großeltern. Die Trennung von der liebevollen Pflegemutter fiel ihr um so schwerer, als die neue Umgebung ungewohnt war und die eigene Mutter fremd und streng erschien. Rückblickend erkannte sie jedoch, dass die für sie schwierige Situation auch für die Mutter nicht leicht war:

> *Erst heute verstehe ich es wieso sich alles so schroff antat.*
>
> 1. *Mutter war sehr enttäuscht, daß sie nun bei der Wirtschaft schwere Arbeit tun mußte.*
> 2. *Als ledige Mutter war sie in Wien weniger dem Gerede und Getuschel ausgesetzt als auf dem Lande.*
> 3. *Kein Einkommen, das sie gewöhnt.*
> 4. *Vater im Krieg, keine Post von ihm, die Alliemente bezahlte die alte Frau R., man bekam mit der Zeit nur mehr 5 Semmeln dafür, dann hörte auch dies auf.*
>
> *So wollte Mutter wenigstens ein tadellos erzogenes Kind präsentieren.*[87]

Erst 1941 erkannte Ernst R. seine Tochter offiziell an, um ihr einen Ariernachweis zu sichern. Zwischen Vater und Tochter schien bis zum Tod des Vaters regelmäßiger Briefverkehr bestanden zu haben. Ein anlässlich der Hochzeit Mariannes verfasster Brief zeugt von einer liebevollen Zuwendung des Vaters sowohl zu seiner Tochter als auch zu deren Mutter:

Meine liebe Marianne!

Ich danke Dir für Deinen Brief und hoffe von ganzem Herzen, daß Deinem Glück nunmehr nichts im Wege steht. Werde eine brave Frau dann wird Dich der liebe Gott segnen. Vergiß nie was Du Deiner guten opfermütigen Mutter schuldig bist und halte sie heilig, denn so wird Dich nie jemand lieben, wie sie es immer getan hat. Mein Segen ist nichts im Vergleich zu dem ihrigen ich kann Dir, mein liebes Kind nur wünschen sehr sehr glücklich zu werden, damit machst Du Deiner lieben Mutter und mir die größte Freude.

Es küßt Dich herzlichst Dein
Dich liebender Vater[88]

Von da an schrieben sich Vater und Tochter regelmäßig bis zu seinem Freitod.

Ein Brief des Vaters an seinen Bruder hielt fest, dass er die Versorgung der Mutter seines Kindes und seine Tochter dem Gutdünken seines Bruders überließ:

Dagegen habe ich eine Bitte an Dich. Wie Du weißt habe ich eine außereheliche Tochter: Marianne Scherer, verehelichte Hufnagel, wohnhaft dz. Wien-Atzgersdorf, Breitenfurterstr. 50, die sich mir gegenüber immer in wahrhaft kindlicher Weise benommen hat und so wie ihre Mutter, meine vollste Hochachtung und Liebe verdient und besitzt … Ich bitte Dich nun, Dich im Falle meines Todes, mit ihr ins Einvernehmen zu setzten und ihr eine Summe zukommen zu lassen, die Ihr, wie ich überzeugt bin, im besten Einvernehmen billig und entsprechend finden werdet.[89]

Tatsächlich erklärte Ernsts Bruder diese letzte Verfügung auf Grund eines Formfehlers für ungültig.

»... lebten unseren Rausch und kümmerten uns wenig«

Alma Mahler-Werfel

Die in der Mehrzahl der Fälle nicht aus Liebe geschlossenen Ehen, führten auch von Seiten der Frauen zu unehelichen Verhältnissen. Schnitzler beobachtete im Zuge seiner Bekanntschaft mit einer jungen Frau ein Dreiecksverhältnis, in dem sich ihr Ehemann und ihr Liebhaber offenbar arrangiert hatten:

> *Sie befand sich in Ostende mit ihrem Gatten und einem jungen Mann, der als ihr Liebhaber galt. Der Gatte war Kaufmann, ein hochgewachsener, höchst salopp gekleideter Herr von etwas gebückter Haltung und verdrossenen, ironischen Manieren, wie sie Ehemännern eignen, die eifersüchtig sind und sich's nicht merken lassen wollen, ihre Frau verachten und nicht von ihr loskommen. Der Liebhaber oder Liebende war ein reicher Wiener Fabrikant, der ein ungarisches Adelsprädikat trug, von der etwas mühseligen Eleganz wohlbeleibter Don Juans, der seiner Angebeteten mit Kalbsaugen nachsah, wenn sie ins Meer hinausschwamm, ergeben, korrekt, glücklich und sehr befreundet mit dem Gatten, der auch ihm die herzlichsten Sympathien entgegenbrachte, als wenn er sich mit dem einen nicht nur endgültig abgefunden, sondern ihm auch alle Verantwortung, alle Qual, alle Unannehmlichkeiten aufgebürdet hätte, die nach göttlichem und menschlichem Gesetz eigentlich er, der Ehemann, hätte tragen müssen.*[90]

Tatsächlich war man in der Mehrzahl der Fälle wohl eher auf Diskretion bedacht. Schnitzler selbst hatte während seiner unerfüllten Liebesbeziehung mit der verheirateten Olga Waissnix größte Diskretion und Vorsicht walten lassen müssen. Da es in der Natur der Sache lag, dass uneheliche Verhältnisse geheim bleiben sollten, erfährt die Nachwelt nur von jenen die auf Grund der Bekanntheit der handelnden Personen überliefert sind.

Eine dieser bekannten Frauen, deren Liebesleben in ihren Memoiren und Tagebüchern hinlänglich belegt ist, war Alma Mahler-Werfel. Sie hatte bereits während ihrer nicht immer glücklich verlaufenden Ehe mit Gustav Mahler ein Verhältnis mit dem jungen Architekten Walter Gropius begonnen, den sie auf einem Kuraufenthalt kennengelernt hatte. Als sie Mahler auf seine Tournee nach New York begleitete war sie in regem brieflichem Kontakt mit Gropius und versicherte immer wieder, wie sehr sie ihn liebe. Almas Affäre mit Gropius wurde sogar von ihrer Mutter Anna Moll unterstützt, die an Gropius warmherzige Briefe schrieb, ihn um Verständnis bittend, dass Alma Gustav Mahler jetzt nicht verlassen könne und darauf hinwies, dass beide noch jung wären und warten könnten. Nach Mahlers Tod endete die Beziehung zu Gropius jedoch und Alma ging eine leidenschaftliche Liaison mit Oskar Kokoschka ein, um nach deren Ende wieder zu Walter Gropius zurück zu kehren.

Aus welchen Gründen Alma Mahler die Ehe mit Walter Gropius eingegangen war, ob aus gesellschaftlicher Konvention, innerer Leere nach der Beziehung mit Kokoschka oder doch aus Liebe, ist ungewiss. Tatsache ist, dass auch diese Ehe nicht besonders glücklich verlief, sie sich langweilte und Walter Gropius als »fad« empfand. Alma Mahler schien die Ehe mit Gropius außerdem als gesellschaftlichen Abstieg betrachtet zu haben und benachrichtigte einige ihrer Bekannten erst von ihrer Eheschließung mit ihm, als ihre Schwangerschaft nicht mehr zu übersehen war. Schon der

Beginn dieser Ehe war schwierig, denn Gropius war kriegsbedingt monatelang abwesend und konnte Alma nicht einmal bei der Geburt der gemeinsamen Tochter Manon beistehen.

1917, während ihr Ehemann als Offizier an der Front weilte, lernte Alma Mahler den 27-jährigen Franz Werfel durch den Schriftsteller Franz Blei kennen, der ihn zu einer ihrer Abendgesellschaften mitgebracht hatte. Zunächst schien sie wenig beeindruckt: »Werfel ist ein O-beiniger, fetter Jude mit wülstigen Lippen und schwimmenden Schlitzaugen! Aber er gewinnt, je mehr er sich gibt.«[91]

In ihrer Jahre später veröffentlichten Autobiographie beschönigte sie diesen ersten Eindruck rückblickend entschieden: »Werfel ist ein untersetzter Mann, mit sinnlichen Lippen und wunderschönen großen blauen Augen unter einer Goetheschen Stirn.«[92]

Schon die ersten Begegnungen hinterließen bei Alma dennoch einen tiefen Eindruck. Vor allem Werfels Empfindsamkeit der Musik gegenüber, die ihrem Ehemann gänzlich fehlte, nahm sie für ihn ein.

> *November 1917*
>
> *Friedensangebot von Rußland. Vielleicht erregt sich die Welt endlich zum Guten!*
>
> *Viele wunderbare Dinge geschehen ... Eine Nacht war ... eine holdselige Nacht ... Werfel, Blei, Gropius.*
> *Wir jubelten. Musik*
>
> *Meistersinger, Louise, usw. ... Werfel sprach einige seiner Gedichte, »Der Feind« und andere, und er sang und ich spielte – und wir wußten von keiner Welt mehr. Und so verquickt waren wir sofort, durch dies unser ureigenstes*

Element, daß wir alles rundher vergaßen und vor den Augen der ganzen Welt quasi musikalisch-geistigen Ehebruch trieben.

Franz Werfel ist ein wunderbares Wunder!«[93]

Als Gropius am 15. Dezember zum Weihnachtsurlaub in Wien eintraf, kam es zwischen den Eheleuten zu Auseinandersetzungen. Alma, bereits in Franz Werfel verliebt, befand sich in einem Zustand der Gefühlsverwirrung und verhielt sich ihrem Mann gegenüber abweisend. Sie sehnte seine Abreise herbei und schrieb als sie schließlich alleine war: »Dieses Zurückkommen hatte mir die volle Erkenntnis gegeben, dass meine Liebe zu Walter Gropius für immer verschwunden war. Ja – mehr noch – meine jetzigen Gefühle glichen einem gelangweilten Hass.«[94]

Sie traf Werfel wieder:

Jannuar

Ich war im Konzert … tief verbunden durch Blicke mit Werfel. Er kam in der Pause; dann gingen wir zusammen nach Hause.
Unser beredtes Schweigen brachte uns an den Rand. Es konnte gar nicht anders kommen, als daß er meine Hand ergriff und sie küßte – und das sich unsere Lippen fanden, und daß er Worte stammelte, ohne Sinn und Zusammenhang …
Wohin wird mich dieses Erlebnis führen!
Ich liebe mein Leben …
Und ich kann nichts bereuen.
Diese tiefe musikalische und seelische Verbundenheit mit Franz Werfel ist fast tödlich. Es mußte kommen, daß ich ihn liebe, und die Musik beschirmt uns.«

Von da an führte sie mit Werfel eine heimliche Beziehung:

> *Franz Werfel wohnte damals im Hotel Bristol, und es war mir weder angenehm noch leicht, ihn dort zu besuchen. Aber er wollte es, und ich ging doch aus einem ganz bestimmten Grund hin … So kam ich, und er mußte arbeiten, ob er nun wollte oder nicht, Zeile für Zeile, mit mir an seiner Seite. Und ich brachte ihn so in die Arbeit zurück, die der Krieg ihm zerstört hat.*[95]

Die Heimlichkeit blieb nicht lange gewahrt, denn der Wiener Tratsch befasste sich sehr bald mit der Affäre. Franz Blei versuchte Alma davon zu überzeugen, dass Werfel sie nur ausnütze und sich an ihr »nobilisiere«.

Als Werfel im März 1918 von einer Reise in die Schweiz nach Wien zurückkehrte, war Alma bereits im dritten Monat schwanger. Zunächst war sie nicht sicher, wer der Vater des Kindes sei. Um ihre Untreue zu verheimlichen, ließ sie jedoch Gropius in dem Glauben, das Kind wäre von ihm. Die Schwangerschaft nahm auf Grund ihrer eigenen erstaunlich rücksichtslosen Haltung ihrem Zustand und dem Kind gegenüber einen dramatischen Verlauf.

»Der Sommer 1918 war vielleicht einer der schicksalhaften Zeiten meines ganzen Lebens. Die letzten Juli- und die ersten Augusttage brachten mich nicht nur an den Rand des Grabes, sondern sie schmiedeten mich auch unlösbar und für immer an den Mann, der mein Liebhaber und Lebensgefährte werden sollte – bis der Tod uns viele Jahre später trennte.[96]

Im Juli war Werfel auf den Semmering gekommen: »Werfel und ich lebten unseren Rausch weiter und kümmerten uns leider wenig um das Werdende in mir. Vollkommen leichtfertig und besoffen lebten wir dahin.«[97]

Wir kennen die daraus resultierenden dramatischen Ereignisse aber nicht nur aus Almas Memoiren, sondern auch aus den

Tagebuchaufzeichnungen Franz Werfels. Er beschrieb das Geschehen aus seiner Sicht:

> *Juli 1918*
>
> *Vorgestern fuhr ich auf den Semmering, um Alma zu besuchen ... Freute mich auch auf Almas Liebe ... Jetzt erinnere ich mich, daß Blei vor einigen Abenden ... die Bemerkung fallen ließ, es wäre niedrig, sich einer Frau in Hoffnung gegenüber nach tieferem Gewissen zu benehmen, das einem doch sage, daß der Genuß kein Selbstzweck sein kann.*
> *... Ich bekam das Zimmer neben dem Schlafzimmer Almas; ich war über diese glückliche Schicksalswendung entzückt.– Wir blieben, während ich meine Sachen auspackte, eine halbe Stunde allein. Beide erhofften wir voll Freude die Nacht ...*
> *Nach vielen halben Stunden Wartens, bis endlich alle schliefen, war ich allein bei Alma. – Sie ist der einzige geniale Mensch, den ich hier kenne.*
> *Ich glaube, daß ich sie immer mehr liebe, soweit ich lieben kann, in gewissen Gefühlen mehr sogar, als ich von meiner Fähigkeit weiß.*
> *... Ich hatte den Fingerzeig vergessen und mich nicht beherrscht.*
> *Wir liebten uns!*
> *Ich schonte sie nicht.*
> *Gegen Morgen ging ich in mein Zimmer zurück.*

Die stürmische Liebesnacht hatte weitreichende Folgen, denn sie hatte bei Alma schwere Blutungen ausgelöst. Werfel wurde geweckt und um einen Arzt geschickt. Werfel machte sich schwere Vorwürfe und legte zwei Gelübde ab:

1. *Das Gelübde, Alma immer treu zu bleiben. Mir niemals mehr eine sexuelle Befriedigung auf leichte und unedle Art zu verschaffen. Auf der Straße meine Blicke nicht auf geschlechtlich aufregenden Dingen ruhen zu lassen.*

2. *Das Gelübde: nicht zu rauchen, wenn Gott nur alles gut werden läßt.*

Alma wurde absolute Ruhe und Schonung auferlegt, und nun bangte auch sie um das Wohl ihres ungeborenen Kindes, von dem sie inzwischen wusste, dass Werfel der Vater war. »Sie sagt: Wenn ich nur das Kind behalten darf! Die tiefste Bedeutung dieses Satzes geht mich an.«[98]

Nach den schweren Blutungen wurde Alma am 31. Juli liegend, mit dem Kopf nach unten nach Wien in das Sanatorium Löw transportiert, wie sie selbst in ihren Memoiren beschrieb. Die Ärzte entschieden auf Grund ihres kritischen Zustandes, die Geburt des Kindes einzuleiten. Walter Gropius, immer noch in dem Glauben es sei sein Kind, stand Alma während der schweren Geburt zur Seite und Alma brachte einen Jungen zur Welt. Kaum hatte sie sich von den Strapazen der schweren Geburt erholt, tauschte sie täglich Briefe mit Werfel aus, in denen sie unter anderem die Namensgebung des gemeinsamen Sohnes diskutierten. Alma begann allerdings unter dem Doppelleben zu leiden und als Gropius unbemerkt in ihr Zimmer getreten, Zeuge eines eindeutigen Telefonats mit Werfel wurde, gestand sie erleichtert alles. Dennoch fiel ihr die Entscheidung zwischen den beiden Männern schwer. Sie schwankte zwischen dem sexuell unkonventionellen, zügellosen und auf sie eine große Faszination ausübenden Werfel und dem stets korrekten, bürgerlichen Gropius, dessen »ausgezeichneten Charakter« sie achtete. Schließlich entschied sie sich doch für Werfel und Gropius stimmte einer Scheidung nicht nur zu, sondern nahm auch offiziell die Schuld auf sich. In einer theaterreifen Inszenierung ließ er sich in flagranti mit einer Prostituierten in einem Hotelzimmer ertappen, um seinen Ehebruch zu untermauern.

Der zu früh geborene Sohn Almas und Franz Werfels war schwer krank, er litt an einer Gehirnwassersucht und Alma gab nun sich und Werfel die Schuld am Zustand des Kindes: »Das Kind ist hoffnungslos krank. Das dieses Kind zugrunde gehen muß, ist der Fluch unseres Leichtsinns.«[99]

Sie sah sich gezwungen das Kind auf Grund seiner immer schlechter werdenden Verfassung nachdem sie es auf den Namen Martin hatte taufen lassen, ins Krankenhaus zu bringen. Nach mehreren Kopfpunktionen starb das Kind während Alma bei Gropius in Berlin weilte am 15. Mai 1919. Werfel erfuhr nicht von Alma vom Tod seines Sohnes sondern von Bertha Zuckerkandl. Bestürzt schrieb er: »Ich denke an nichts anderes, als das Kind, obgleich ich doch schon lange weiß, wie unabänderlich dieses Schicksal war.«[100] Werfel flehte Alma an, ihre Deutschlandreise abzubrechen, vergeblich, sie kehrte erst im Juni nach Wien zurück.

Es war nicht das erste Kind das Alma verloren hatte. Ihre ältere Tochter Maria Anna aus der Ehe mit Gustav Mahler war an Diphterie gestorben.

Ein anderes Kind, hatte sie beschlossen nicht in die Welt zu setzten. Während ihrer heftigen Liebesbeziehung mit Oskar Kokoschka – »Die drei Jahre mit ihm waren ein Liebeskampf. Niemals zuvor habe ich so viel Hölle, so viel Paradies gekostet« – war Alma vermutlich bereits im Juli 1912 schwanger geworden. Aus welchen Gründen auch immer entschied sie dieses Kind im Oktober abzutreiben.

»Ein sicheres Mittel gegen Störungen«

Schwangerschaftsabbruch

Die Allgegenwärtigkeit unehelicher Schwangerschaften und die für die Frau meist katastrophalen Folgen finden sich in der Literatur mehrfach thematisiert. Auch die letzte Lösung, die Abtreibung, finden wir hier, wenn zunächst auch nur andeutungsweise und diskret behandelt:

> *In jedem anderen Fall hätt' ich die Anzeige erstattet, aber da die Sache so ausgeht … Überdies wär' es ein entsetzlicher Skandal, und der arme Rupius litte am meisten darunter.« Jetzt sah er Berta. »Guten Tag, Frau Garlan.«*
> *»Ja, Herr Doktor, was ist denn eigentlich?«*
> *Doktor Friedrich sah den Sekundararzt mit einem raschen Blick an; dann erwiderte er: »Blutvergiftung. Sie wissen ja, gnädige Frau, manchmal schneidet man sich in den Finger und stirbt daran; die Verletzung ist nicht immer zu entdecken. Es ist ein großes Unglück … ja, ja.« Er ging ins Zimmer, der Assistent folgte ihm.*[101]

Das 1900 in »Frau Berta Garlan« in so zurückhaltender Form behandelte Thema griff Schnitzler mehr als zwanzig Jahre später in seinem gesellschaftskritischen Roman Therese erneut auf. Er beschrieb hier mit schonungsloser Deutlichkeit das trostlose Schicksal einer ungewollt schwanger gewordenen Erzieherin, die zunächst einen Schwangerschaftsabbruch in Erwägung zieht und mehrere einschlägige Adressen aufsucht: »Der behagliche, in der Art eines bürgerlichen Salons ausgestattete Raum ließ den Beruf der Mieterin in keiner Weise ahnen, und Therese brachte ohne Scheu, wenn auch mit einiger Vorsicht, ihr Anliegen vor.«

Als Therese an dieser Adresse für die Zeit nach der erfolgreich durchgeführten Abtreibung gleich ein Folgeverhältnis mit einem reichen Fabrikanten angeboten wird, entschließt sie sich weiter zu suchen:

> *... noch am gleichen Tag machte sie sich auf einen Weg, den sie schon zweimal vergeblich gegangen war. Diesmal hatte sie es mit einer Frau zu tun, die ihr sofort Vertrauen einflößte. Sie sprach sachlich und beinahe gütig zu ihr, betonte, das sie sich über das Ungesetzliche ihrer Tätigkeit keiner Täuschung hingebe, daß die grausamen Gesetzte aber auf die sozialen Verhältnisse keine Rücksicht nähmen, und schloß mit dem philosophischen Satz, daß es für die meisten Menschen überhaupt am besten sei, nicht geboren zu werden. Der Betrag, den sie forderte, war nicht übermäßig hoch, und es wurde bestimmt, daß Therese sich am übernächsten Tag zu gleicher Stunde hier einfinden sollte.*[102]

Ungesetzliche Schwangerschaftsabbrüche wurden vor allem von Hebammen, nur in seltenen medizinisch begründeten Fällen von Ärzten aber auch von medizinisch ungebildeten Personen durchgeführt.

Grundsätzlich gab es zwei Methoden von nicht medizinischen Abtreibungen. Bereits seit der Antike kannten Hebammen und Heilerinnen Pflanzen, die bei richtiger Anwendung eine abtreibende Wirkung hatten, wie etwa Alraune, Weinraute, Tollkirsche, Safran, Petersilie, Wachholder oder Sadebaum, Mutterkorn und Taxus (Eibe). Mit der Übernahme der Geburtshilfe durch die männliche Ärzteschaft seit dem 18. Jahrhundert wurde dieses Wissen in den Hintergrund gedrängt. Die Mittel die nun von unbefugten Kurpfuscherinnen und Engelmacherinnen verwendet wurden, um einen Abortus auszulösen, waren Chemikalien wie

Seifenlauge, Terpentinöl, Arsen, Blei und Quecksilber, die entweder schweres Erbrechen oder heftige Durchfälle verursachten und dadurch zwar einen Abortus auslösen konnten, zumeist aber den sicheren Tod der Mutter bedeuteten.[103]

Die zweite Methode betraf äußerlich angewandte Mittel. Noch relativ harmlos muten Praktiken wie vom Tisch springen oder unmäßiges Tanzen an, die durch Erschütterung des Uterus eine Fehlgeburt auslösen sollten. Der Katalog an Maßnahmen gemahnt an mittelalterliche Foltermethoden, die mit unvorstellbaren Schmerzen und Leiden der Schwangeren einhergingen. Sie reichten vom wiederholten Herabstürzen einer Treppe, Schlägen und Stößen in den Unterleib bis Blutungen einsetzten, die den Abgang des Fötus zur Folge hatten, bis zur Perforierung der Fruchtblase mit Hilfe von Stricknadeln, Draht-Kleiderbügeln oder anderen spitzen Gegenständen, die ebenfalls einen Abortus auslöste. Auf Grund mangelnder Hygiene, Verletzung der Gebärmutter oder anderer Organe führten diese Methoden meistens zu schweren Komplikationen und zum qualvollen Tod der Mutter.

Es gab allerdings auch Frauen, die sehr erfolgreich illegale Abtreibungen durchführten. Mme. Mittermeier, bürgerliche Marie Baschtarz, Tochter eines Arztes, ging ihren Geschäften in einer Wohnung in Wien, in der Mariahilfer Straße 203 nach. Der Prozess gegen sie liefert einen Einblick in ihre höchst effiziente Methode:

> *Nach Orientierung mit dem Mutterspiegel wurde ein gewöhnlicher Gummikatheder bis in die Gebärmutter der Betreffenden eingeführt, die zu diesem Zweck aufgefordert wurde, sich auf den Diwan zu legen. Ich habe dann immer den Katheder durch einen Wattebausch fixiert.*[104]

Die Irritation der Gebärmutter führte zu Kontraktionen und zum Abgang des Fötus. Mme. Mittermayer ließ es aber auch nicht an der nötigen Nachsorge ihrer Kundinnen fehlen. Zunächst kontrollierte sie sorgfältig, ob wirklich der ganze Fötus ausgestoßen worden war und brachte die Frauen anschließend für zwei Tage zur Beobachtung in die Wohnung der ihr befreundeten Marie Bernhuber. Bei eventuellen Komplikationen wurde ein verbündeter Arzt hinzugezogen, der eine Curettage vornahm.

Das Honorar betrug durchschnittlich hundert Kronen, wurde aber je nach den materiellen Verhältnissen der Frauen festgesetzt. So bezahlte eine Postangestelltengattin 15 Kronen, während eine Pfarrersköchin zweihundert Kronen aufbringen musste. Zum Vergleich betrug die Miete für die Wohnung von Marie Bernhuber, in der die Frauen untergebracht wurden im Monat sechzig Kronen. Ihre Kunden fand Mme. Mittermeier durch Inserate in Zeitungen wie dem »Neuen Wiener Journal«, der »Österreichischen Volkszeitung« oder im »Grazer Tagblatt«. Sie annoncierte »Ein sicheres Mittel gegen Störungen« und war damit höchst erfolgreich. Die mit ihr in brieflichen Kontakt tretenden Kundinnen kamen aus Tirol, Oberösterreich, Kärnten, Niederösterreich, Steiermark und Schlesien nach Wien, in Wien selbst hatte sie kaum Kundinnen. Die Frauen, die ihre Dienste in Anspruch nahmen, waren zumeist ledige Dienst- und Stubenmädchen, Kellnerinnen und Beamtinnen. Aber auch einige verheiratete Frauen fanden den Weg zu ihr. Nachdem sie 15 Monate höchst erfolgreich an die hundert Kundinnen behandelt hatte, wurde sie 1915 angezeigt und verhaftet.

Der dem Prozess beigezogene Sachverständige Gerichtsmediziner Albin Haberda musste feststellen, dass die von Mme. angewandte Methode erfolgreich und für ihre Kundinnen ohne gröbere Folgen geblieben war: »Keine von den Frauen ist ernsthaft erkrankt.«[105]

Marie Baschtarz wurde zu 18 Monaten, Marie Bernhuber zu zehn Monaten und der gelegentlich zur Nachcurettage beigezogene Arzt Carl Sturz zu vier Monaten Kerker verurteilt. Jene Kundinnen, denen man eine Abtreibung nachweisen konnte, wurden zu 14 Tagen Kerker verurteilt.

Liebschaften im Kaiserhaus

Abtreibungen waren im Kaiserhaus sowie in aristokratischen Kreisen kein Thema. Selbstverständlich hatten auch Mitglieder des Kaiserhauses und des Hochadels außereheliche Romanzen die toleriert waren, da in diesen Kreisen Ehen ja keine Herzensangelegenheiten waren, sondern ausschließlich aus dynastischen oder politischen Gründen geschlossen wurden. Daher ging man auch nicht davon aus, dass der Ehepartner ein Leben lang treu blieb. Die meisten Ehen wurden arrangiert und die Kinder, die dementsprechend erzogen worden waren, fügten sich meist widerspruchslos den Entscheidungen der Eltern. Die Erhaltung der Dynastie beziehungsweise der Linie war oberstes Prinzip, oder wie es Staatskanzler Metternich formulierte »Wir heiraten um Kinder zu haben, und nicht, um die Sehnsüchte unserer Herzen zu stillen.«[106] Auch aus diesem Grund gehörten Affären zum gelebten Alltag – Erzherzöge bevorzugten zumeist Tänzerinnen, Sängerinnen und Schauspielerinnen; Erzherzoginnen schneidige Offiziere oder den gebildeten Hauslehrer der Kinder. Denn nicht nur Ehemänner hatten ihre Liebschaften – waren Frauen erst einmal verheiratet, hatten sie in dieser Hinsicht beinahe die gleichen Rechte wie ihre Ehemänner – mit dem Unterschied, dass sie ihre Affären meist wesentlich diskreter lebten, aber nicht unbedingt heimlich. Der große und für die Frauen wohl entscheidendste Unterschied zu bürgerlichen Kreisen oder der Arbeiterschicht war jedoch der, dass eventuelle Folgen dieser Romanzen niemals »operativ« beseitigt wurden. Da eine

Abtreibung ein großes gesundheitliches Risiko für die Frauen darstellte, wurde die Angelegenheit in diesen Kreisen weitaus eleganter und vor allem ungefährlicher gelöst. Die werdenden Mütter machten dann eine ausgedehnte »Europareise«, oder gingen auf »Kur«, die einige Monate dauerte und brachten ihre Kinder zumeist in abgelegenen Klöstern diskret zur Welt. Die Neugeborenen wurden danach meist aufs Land in Kost gegeben, oder in seltenen Fällen der Familie des Vater übergeben.

»Wenn die fürstlichen Frauen sich vergessen«

Erzherzogin Louise von Toskana

Doch nicht alle dieser Schwangerschaften wurden heimlich ausgetragen und die Kinder in fremde Obhut gegeben. Es gab auch Frauen, die sowohl zu ihren Geliebten als auch ihren außerehelichen Kindern standen – und damit einen Skandal heraufbeschworen. So geschah es im Fall der sächsischen Kronprinzessin, Erzherzogin Louise von Toskana, der Tochter Erzherzog Ferdinands IV., dem letzten habsburgischen Großherzog von Toskana und Schwester Erzherzog Leopold Ferdinands, der später aus dem Kaiserhaus ausschied und unter dem Namen Leopold Wölfling lebte. Die 1870 in Salzburg geborene Louise hatte 1891 den sächsischen Kronprinzen Friedrich August geheiratet und war von Beginn ihrer Ehe an im sittenstrengen Dresdner Königshof negativ aufgefallen. So erlaubte sie sich ihrem königlichen Schwiegervater bei Hoftafeln öffentlich zuzuprosten, ging oft und gern ins Theater, wo man sie sogar laut lachen hörte und grüßte nicht nur Bekannte, sondern reichte ihnen sogar über die Brüstung hinweg die Hand – was einem mittleren Skandal gleichkam. Der Gipfel war jedoch ihre Teilnahme am Stiftungsfest des Österreichisch-Ungarischen Hilfsvereins, an dem sie als Patronesse nicht nur am öffentlichen Tanz teilnahm, sondern sogar den Kotillon – wie in der Presse vermerkt wurde – »flott mittanzte bei welchem es ja vom Zufall abhängt welche Paare zusammengeführt werden«[107]. Diese Extravaganzen wurden ihr nicht nur übel genommen, sondern König Georg verhängte auch immer wieder Hausarrest über seine allzu lebenslustige Schwiegertochter. Louise hatte ihrem Mann bereits sechs Kinder geboren, als sie sich anlässlich einer Parisreise mit ihrem Mann in den 23-jährigen André Emile Giron verliebte, der im Haushalt einer befreundeten Familie als Erzieher fungierte. Der gebildete und temperamentvolle Belgier eroberte Louises Herz im Sturm und es entwickelte sich bereits in Paris eine Romanze zwischen den beiden. Louise fädelte es nun geschickt ein, dass Giron als französisch Sprachlehrer ihrer Kinder nach Dresden übersiedelte. Doch die Liaison flog schließlich auf und eine äußerst lebhafte Auseinandersetzung der Eheleute endete damit, dass Giron entlassen wurde. Louise musste außerdem ihren Mann auf Befehl ihrer Eltern, die vom Kronprinzen genauestens über ihre Verfehlungen unterrichtet worden waren, um Verzeihung bitten. Kurze

Erzherzogin Louise von Österreich-Toskana, Kronprinzessin von Sachsen

Zeit schien die Sache erledigt, doch dann wurde die geheime Korrespondenz der Liebenden entdeckt, aus der noch dazu hervorging, dass »die Beziehungen der Kronprinzessin zu dem Franzosen ereignisschwere waren«[108] – mit einem Wort: Sie war schwanger. Louise leugnete in einer Unterredung mit ihrem Mann den Sachverhalt gar nicht erst, packte ihre Koffer und verließ Dresden am 9. Dezember 1902 für immer. »Der König soll einer Ohnmacht nahe gewesen sein« hieß es in den Gazetten.[109] Louise floh nach Genf, wo sie sich mit ihrem Bruder Erzherzog Leopold Ferdinand traf, der sie in ihrer Entscheidung bestärkt hatte. Zunächst lebte sie mit Emile Giron und ihrem Bruder im Hotel d'Angleterre, doch ihr Leben sollte sich zunehmend schwierig gestalten. Sie litt wie viele Frauen in ihrer Situation schließlich doch unter dem gesellschaftlichen Druck beziehungsweise der gesellschaftlichen Ächtung: Einer Frau wurde niemals verziehen ihren Mann verlassen zu haben. So notierte auch Baronin Spitzemberg, die den angesehensten politischen Salon in Berlin führte, in dem die gesellschaftliche Elite verkehrte, in ihrem Tagebuch:

> *Alle waren sie erfüllt wie wir von dem entsetzlichen Skandale am sächsischen Hofe, der wirklich an Widerlichkeit seinesgleichen sucht! Fünf Kinder, einen Mann, einen Thron zurückzulassen, um mit 32 Jahren, in der Hoffnung von dem Hauslehrer eben dieser Kinder, durchzugehen – es ist geradezu entsetzlich! Wenn die fürstlichen Frauen also sich vergessen, so allem Hohn sprechen, was sonst auch im Unglück für anständig, vornehm, christlich galt, dann nehmen sie sich selbst das Recht des Bestehens.*[110]

Noch bevor Louises Ehe im Februar 1903 offiziell geschieden wurde, trennte sie sich jedoch aus unbekannten Gründen von Giron. Ihre Tochter Anna Monika Pia, die kurz darauf im Mai

1903 zur Welt kam, wurde vom Kronprinzen als Tochter anerkannt, da sie ja »in aufrechter Ehe« gezeugt worden war, wogegen sich Louise zunächst heftig zur Wehr setzte. Offenbar war für Friedrich August die Schande zu groß, dass seine Frau nicht nur mit ihrem Liebhaber durchgebrannt war, sondern auch noch ein Kind von ihm bekam. Louise erhielt eine Apanage (Unterhalt), lebte erst in der Nähe von Lyon, danach auf der Isle of Wight, dann am Bodensee und in Florenz. Gegen eine Erhöhung ihrer Apanage auf jährliche 40.000 Kronen – umgerechnet zirka 350.000 Euro – willigte sie schließlich ein ihre Tochter am sächsischen Königshof erziehen zu lassen und heiratete 1907 den Sänger Enrico Toselli, von dem sie sich einige Jahre später wieder scheiden ließ. Schließlich lebte sie unter dem Namen Comtesse d'Ysette in der Nähe von Brüssel und starb verarmt im Jahre 1947.

Dass Louise von Toskana keine Ausnahme war, zeigt die Tatsache, dass selbst die so fromme und tiefgläubige Gemahlin Erzherzog Ottos, Maria Josepha, ihr »Privatleben« hatte. Während ihr Gemahl die meiste Zeit ihrer Ehe mit seinen jeweils aktuellen Geliebten zusammenlebte, residierte Maria Josepha mit den gemeinsamen Kindern im Augartenpalais. Ihr Auserwählter war der Hofschauspieler Otto Tressler, der verwitwet war und bereits erwachsene Kinder hatte. Mit Erlaubnis des Kaisers lud sie Tressler regelmäßig zu sich ins Augarten-Palais ein, bis er ein selbstverständlicher, auch bei familiären Treffen stets anwesender Gast, wurde. In seinen Memoiren ließ er das Kapitel seiner Liaison mit der Erzherzogin elegant aus und schrieb dazu nur: »Daß ich … auch sonst eine Zurückhaltung übe, die Memoirenschreiber manchmal nicht üben, heißt nicht, dass ich etwas zu verschweigen habe, wohl aber, dass ich über persönliche Dinge schweigen möchte.«[111] Nicht lange nach dem Tod ihres Mannes im Jahre 1906 trennten sich schließlich auch die Wege Maria Josephas und Otto Tresslers, der später nochmals heiratete.

Die »zu Galanterien gegen das schöne Geschlecht auffällig geneigten Erzherzoge«

Konfidentenberichte des Informationsbüros

Der Kaiser war generell stets über das Liebesleben seiner Familie auf dem Laufenden, wurden doch alle Mitglieder des Kaiserhauses, vor allem die Erzherzöge, vom Informationsbüro bewacht, einer Abteilung des Außenministeriums mit nachrichtendienstlichem beziehungsweise staatspolizeilichem Charakter. Aus den Spitzelberichten – den so genannten Konfidentenberichten – im Haus-, Hof- und Staatsarchiv, die für dieses Buch erstmals gesichtet und bearbeitet werden konnten, geht nicht nur hervor, wer mit wem in näherem Kontakt stand, sondern zeichnet auch ein weniger bekanntes Bild der Monarchie. So blieb kein Schritt unbemerkt, kein Kontakt und keine Liaison verborgen und vom Ministerium über den Polizeipräsidenten bis hin zum Kaiser wussten selbstverständlich alle genauestens über jedes einzelne Familienmitglied des Kaiserhauses Bescheid. Doch nicht nur Mitglieder der kaiserlichen Familie, sondern vor allem »zweifelhafte« Personen wie Exilanten der 1848er Revolution in Frankreich und England, aber auch kulturell oder politische bedeutende Persönlichkeiten wie George Sand, Karl Marx und Friedrich Engels wurden bespitzelt, womit die Akten des Informationsbüros generell zu den kulturgeschichtlich interessantesten Beständen des Österreichischen Staatsarchivs zählen.

Der wesentliche Grund für die Bespitzelung der Erzherzöge lag jedoch nicht allein in der Neugier, welche Damen gerade favorisiert wurden, sondern vor allem in der Tatsache, dass die Erzherzöge, die keinerlei Verhältnis zum Wert des Geldes hatten, gedankenlos Wechsel – eine Art Scheck – unterschrieben, um an Summen zu gelangen, die ihre Apanagen zumeist überstiegen. Die Apanage betrug laut Familienstatut der Habsburger für Erzherzöge 45.000 Gulden – zirka 800.000 Euro jährlich; für Erzherzoginnen 24.000.[112] Familienmitglieder, die bei Hof wohnten und daher keinen eigenen Haushalt zu besorgen hatten, wurde ein Drittel der Apanage abgezogen. Natürlich war allgemein bekannt, dass die Erzherzöge auch mit großen Beträgen leichtfertig umgingen, was sich einige Damen durchaus zunutze machten. So ist in den Konfidentenberichten eine »Eroberung« Erzherzog Eugens folgendermaßen beschrieben:

> *Die Anwesenheit des Erzherzogs Eugen bei dem jüngsten Meeting am Turf [Pferderennen] war die Veranlassung, dass daselbst ein Abenteuer vielfach kolportiert wurde, dessen Held der junge und zu Galanterien gegen das schöne Geschlecht auffällig geneigte Erzherzog gewesen sein soll. Bei einem Besuche des Stadttheaters soll der Prinz besonders lebhaft die mimende Jenny Groß acclamiert haben. Dieser sichtliche Ausdruck des Wohlgefallens galt jedoch weniger der fesselnden Darstellung, als der Person der Künstlerin. Es ist nur zu erklärlich, dass Se. Hoheit den Wunsch hegte, dem Fräulein seine Wohlgeneigtheit persönlich ausdrücken zu können. Der wohlerfahrene Obersthofmeister des Prinzen verstand den leise ausgesprochenen Wink, fand bei der Künstlerin ein bereitwilliges Entgegenkommen, doch verlangte diese, dass ihr nebst der Auszeichnung, welche ihr Erzherzog Eugen zudachte, noch 30.000 fl zugeführt werden. Dieses Verlangen brachte an hoher Stelle momentan Verstimmung hervor, da die erzherzogliche Kassa keinen*

> *solchen Baarfond aufwies. In ebenso realer als ingeniöser Weise wurde dieser Verlegenheit abgeholfen. Man proponierte dem Fräulein einen Wechsel über diesen Betrag, und nach Empfang dieses Papierchens befand sich Frl. Groß durch einige Stunden der Nacht in der Gesellschaft des Prinzen. Die ganze Affaire kam zur Kenntnis Sr. Hoh. des Erzh. Albrecht, welcher den gemessenen Auftrag erteilte, durch Honorirung des Accepts dasselbe so rasch als möglich zur Vernichtung zu bringen. Von der lebhaften Unterredung, welche Erzherzog Albrecht mit dem jugendlichen Prinzen hatte, scheint sich dieser bereits erholt zu haben, denn wolgemut und galant sucht er wieder die Gesellschaft jugendfrischer Damen am Rennplatze. In Ergebenheit Lübeck. Mai 83.*[113]

Wenn man bedenkt, dass eine Prostituierte damals zwischen drei und fünf Gulden verlangte, waren 30 000 Gulden ein stolzer Preis. Eugen machte sich darüber offensichtlich jedoch keine größeren Gedanken, brauchte er doch nur einen Wechsel zu unterschreiben, womit die Angelegenheit für ihn erledigt war. Zumeist behielten die Damen die Wechsel, bis ein Abgesandter des Wiener Hofes den Wechsel gegen Bargeld aus dem auch für diese Zwecke zu Verfügung stehenden Allerhöchsten Privat- und Familienfond auslöste. Unangenehm, da weniger diskret, wurde die Angelegenheit jedoch, wenn diese Wechsel an Dritte verkauft wurden und somit in Umlauf gerieten. Viele Wechsel gingen auch direkt an Geldverleiher, die den Erzherzögen des Öfteren aus Geldnöten halfen. Die Bespitzelung der Erzherzöge zielte daher auch darauf ab, einen Überblick über von ihnen ausgestellte Wechsel zu wahren, um sie möglichst schnell und möglichst diskret auslösen zu können.[114]

»... jetzt ganz auf Balletteusen versessen«

Erzherzog Otto

Erzherzog Otto, der 1865 als zweiter Sohn Erzherzog Karl Ludwigs und Maria Annunziatas von Bourbon-Sizilien in Graz geboren wurde, gilt bis heute als bekanntester Lebemann unter den Habsburgern. »Bolla«, wie Otto im Familienkreis genannt wurde, war 1886 für seinen älteren Bruder Erzherzog Franz Ferdinand eingesprungen und hatte die sächsische Königstochter Maria Josepha geehelicht, nachdem Franz Ferdinand sich geweigert hatte, die in seinen Augen unattraktive Prinzessin zu heiraten. Um die peinliche Situation, die Franz Ferdinand mit seiner Weigerung heraufbeschworen hatte, zu entschärfen, wurde Otto, wie Erzherzog Leopold Ferdinand in seinen Memoiren schilderte, »... unter Alkohol gehalten, was ja nicht schwer zu erreichen war«, und machte einen offiziellen Antrag, den Josephas Vater sofort annahm womit die Hochzeit besiegelt war.[115] Die Ehe der beiden verlief jedoch, obwohl von beiden Seiten keinerlei romantische Erwartungen in sie gesetzt wurden, denkbar schlecht. Josepha war streng gläubig und fromm, der Erzherzog führte sein Leben als Frauenheld fort. Der »schöne Erzherzog«, wie der attraktive, charmante und lebenslustige Otto in Wien genannt wurde, sorgte für allerlei Skandale. So wurde unter anderem erzählt, Otto wäre im Anschluss an eines seiner Trinkgelage spät nächtens mit seinen Zechkumpanen zu seinem Haus gezogen und hätte versucht in das Schlafzimmer seiner entsetzten Frau einzudringen, um seinen Freunden »eine Nonne« zu zeigen. Für den berühmtesten Skandal sorgte sein Auftritt im renommierten Hotel Sacher, in dem sich

die Wiener Gesellschaft nicht nur zum Tee oder zu politischen Gesprächen traf. Das Sacher war auch für seine Sèparèes bekannt, in denen man ungestört mit der Dame seines Herzens dinieren oder soupieren konnte. Im Zuge eines Gelages erschien Otto eines Tages mit nichts anderem als einem Säbel bekleidet im Korridor des Hotels und erschreckte mit diesem freizügigen Auftritt die Gäste. Darunter befanden sich auch der britische Botschafter und seine Gemahlin, die dermaßen bestürzt über den Auftritt des Erzherzogs waren, dass der Botschafter zunächst im Außenministerium sowie beim Polizeipräsidenten eine offizielle Beschwerde einlegte. Nachdem er jedoch keine Reaktion erhielt, suchte er schließlich sogar um eine Audienz bei Kaiser Franz Joseph an und berichtete ihm vom Vorfall. Franz Joseph verhängte einen zweimonatigen Arrest in einem oberösterreichischen Kloster über Otto. Eugen Ketterl, der Leibkammerdiener des Kaisers, hielt in seinen Memoiren fest, dass der erzwungene Aufenthalt des Erzherzogs im Kloster allerdings »nicht sehr tragisch« verlief, sondern nur der Weinkeller darunter litt: »Als der erlauchte Häftling wieder der Welt zurückgegeben wurde, wies das Weinlager klaffende Lücken auf.«[116]
Ottos Eskapaden waren in Wien immer wieder Stadtgespräch:

> *Er kneipte in voller Uniform in den verrufensten Lokalen mit feilen Dirnen oder veranstaltete wüste Gelage in den abgeschlossenen Räumen einzelner Hotels, wo es in einer Weise zuging, die das schamloseste aus der Zeit des tiefsten Verfalles des römischen Kaisertums vollends in den Schatten stellte.*[117]

Auch aus seinen zahlreichen Affären und Liebschaften machte Otto keinen Hehl und stellte den Damen seines Wohlgefallens auch ungeniert nach. Doch nicht alle erlagen dem Charme des

Erzherzogs – so etwa die erfolgreiche Sängerin des Theaters an der Wien Ilka Pálmay, die in ihren Memoiren schilderte, wie Otto ungeniert mit ihr flirtete: »Er tat das zumeist in der Weise, daß er sich mit den beiden Ellenbogen auf die Logenbrüstung stütze, das Opernglas zwischen beiden Hände nahm und mir darunter weg mit dem kleinen Finger Kußhände zuwarf.«[118] Da Fräulein Pálmay bereits mit Eugen Kinsky liiert war, der sie schließlich auch heiratete, war sie an einer Affäre mit dem Erzherzog nicht interessiert und brach den Kontakt ab.

Ottos Eroberungen wirkten sich auf seine finanzielle Lage aus, und so waren vor allem von ihm immer wieder Wechsel in Umlauf.

So berichtete der Spitzel Breitfeld:

> *Der polnische Jude F. Kitscheles hat im Café Ronacher sich gerühmt, dass österr. Erzherzoge ihn mit ihrem Zutrauen beehren und als Beweis dessen einen Schuldschein vorgezeigt, der mit Otto unterzeichnet ist. Erzh. Otto ist nach der Äußerung Kitscheles jetzt ganz auf die Balletteusen versessen und braucht viel Geld dazu.*[119]

Die genannte Balletteuse war die begehrte und schöne Solotänzerin der Hofoper Marie Schleinzer, in die sich der Erzherzog 1891 offenbar ernsthaft verliebte. Denn bei Marie Schleinzer handelte es sich nicht um eine seiner zahlreichen Affären, sondern um eine längere Liaison, Vertraute des Kronprinzen sprachen sogar von seiner großen Liebe. Selbst Kaiser Franz Joseph war die ausnehmend hübsche Tänzerin aufgefallen und er schrieb seiner Freundin, der Burgschauspielerin Katharina Schratt: »Frln. Schleinzer sieht mit auffallend wenig Costume reizend aus …«[120] Die Verbindung blieb nicht ohne Folgen und Marie wurde schwanger.

Marie Schleinzer

In den Konfidentenberichten ist folgender Eintrag zu finden, der auch anschaulich darlegt, wie man in diesen Kreisen mit einer solchen Situation umging: »Die Schleinzer ist angeblich von Erzh. Otto in die Hoffnung gekommen. Um zu entbinden soll sie nach [unleserlich] gehen, wofür sie 10.000 fl erhalten habe.«[121] Marie wurde also aufs Land geschickt, wo sie 1892 fern von Wien und jeglichem Klatsch in aller Ruhe ihr Kind zur Welt bringen konnte. Nach der Entbindung kehrte Marie Schleinzer nach Wien zurück und lebte einige Jahre mit dem Erzherzog und den schließlich zwei gemeinsamen Kindern – 1894 wurde ihre Tochter Hilde geboren. Otto anerkannte beide Kinder und die »Familie« lebte in einer Villa, die der Erzherzog in der Anton- Frank-Gasse im 18. Bezirk in Wien gekauft hatte. Den Sommer verbrachte das Paar in einem einfachen Landhaus in der Veitsch in der Steiermark, das auf den Namen von Ottos Büchsenspanner gemietet wurde. Ottos Frau Erzherzogin Maria Josepha wusste natürlich vom außerehelichen Familienleben ihres Mannes und widmete sich in erster Linie der Erziehung der gemeinsamen ehelichen Kinder, dem 1887 geborenen Karl – dem späteren letzten österreichischen Kaiser Karl I. – und dem 1895 geborenen Maximilian. Ein enger Vertrauter Ottos, Baron Kielmannsegg schilderte in seinen Memoiren sogar, dass Otto mit der »hyperklerikalen « Erziehung der ehelichen Kinder nicht einverstanden war und seiner Frau einmal sagte: »Meine Kinder werden viel besser erzogen als die deinen.«[122] Auch Kaiser Franz Joseph hatte offenbar nichts gegen diese mehr oder weniger öffentliche Liaison einzuwenden. Als Katharina Schratt ihm erzählte, dass Marie Schleinzer nun französisch lerne, antwortete er ihr: »Daß Frln. Schleinzer französisch lernen muß, hat mich sehr amusirt. Es kommt vielleicht daher, dass ich ihren Beschützer aufgefordert habe, sich in dieser Sprache zu vervollkommnen und da muß sie wahrscheinlich mitleiden.«[123] Trotz »doppeltem« Familienleben schien der Erzherzog weiteren Abenteuern jedoch nicht abgeneigt – eines endete sogar höchst dramatisch mit einem tobenden Ehemann und einem angeschossenen Erzherzog. So berichtet ein Konfident:

> *Der sogenannte Unfall des Erzherzogs Otto in Oedenburg hat folgende Veranlassung: Der Prinz unterhielt mit der Frau des dortigen Stuhlrichters Vasvári seit seinem Dortsein ein Verhältnis. Dieser Tage nun überraschte der Stuhlrichter, ein wilder Stockmagyare (Ungar), seine Frau im tête à tête mit dem Erzherzog. Der Prinz flüchtete durch das Fenster. Bei dem Sprunge vom ersten Stock in den Garten hatte er sich jedoch den Fuß verstaucht, so dass Vasvári ihn im Garten noch ereilen konnte. Es war stockdunkle Nacht und bei dem blassen, schwachen Schein der Sterne feuerte ihm der Richter aus seiner Pistole einen Schuß zu, der den Prinzen am Arm [Fehlstelle], dennoch gelang es dem Erzherzog, auf die Straße zu flüchten, wo ihn ein Wagen erwartete und in Sicherheit brachte. Am nächsten Tage erst erfuhr Vasvári, der seine Frau halbtot geschlagen, wer ihr Geliebter sei.*[124]

Sogar die böhmische Zeitung berichtete einige Tage später, am 27. Dezember 1893 von dem spektakulären Vorfall. Da die wahren Umstände jedoch so gut wie möglich vertuscht worden waren, konnte man über den genauen Verlauf sowie die Hintergründe nur spekulieren:

> *Das geheimnisvolle Dunkel, welches die vor kurzem gemeldete Selbstverwundung des Erzherzogs Otto noch immer umgibt, wird wohl nicht sobald aufgehellt werden. Aber mit wachsender Bestimmtheit erhält sich das Gerücht, dass der Prinz einen Selbstmordversuch verübt habe, der im Hinblick auf die Verhältnisse, unter denen der plötzliche*

Tod des Kronprinzen Rudolf erfolgt ist, begreiflicherweise um jeden Preis vertuscht werden müsse. Die lange Reise, die der kaum wieder hergestellte Erzherzog nach Aegypten unternehmen soll, gilt als zeitweilige Verbannung. Es ist ein offenes Geheimnis, dass die Exzentritäten des zweiten Sohnes des Erzherzogs Karl Ludwig seinen kaiserlichen Oheim aufs peinlichste berührt und zu strenger Ahndung veranlasst haben. Man spricht von sehr drastischen Familienszenen infolge der auch im Reichsrate bereits zur Erwähnung gelangten Aufführung des Prinzen. Nur mit großer Mühe ist dessen Gattin, eine sächsische Prinzessin, von der beabsichtigten Scheidung zurückgehalten worden …[125]

Als Otto aus seiner »Verbannung« zurückkehrte, fasste er offenbar den Entschluss, sich von Marie Schleinzer zu trennen. Da diese ohnehin darunter litt, »nur« die Mätresse eines Erzherzogs zu sein, willigte sie schließlich ein, Julius Hortenau, der als praktischer Arzt in Abbazia lebte, zu heiraten. Diese Verbindung war für alle Beteiligten von Vorteil. Marie ermöglichte sie das gesellschaftliche Leben einer Ehefrau, womit sie vom Makel einer Geliebten befreit war. Julius Hortenau wurde im Zuge der Eheschließung befördert und erhielt den erblichen Titel »Edler von Hortenau«. Er adoptierte dafür die Kinder Ottos, die damit auch einen Namen hatten und vererbte den Titel auch an seinen Stiefsohn Alfred. Otto war mit der Heirat wiederum nicht mehr finanziell für seine Geliebte verantwortlich und hatte sogar die Kinder in einer standesgemäßen Familie untergebracht und versorgt und konnte sich somit ohne schlechtes Gewissen seiner neuen Flamme, Louise Robinson, Sängerin im Theater an der Wien, widmen. Louise Robinson, Tochter des Brünner Baritons und Gesangslehrers Adolf Robinson sollte die letzte Geliebte des Erzherzogs werden. Otto war zu dieser Zeit bereits in der spätlatenten Phase seiner

Syphiliserkrankung und daher nicht mehr ansteckend.[126] Die gemeinsame Tochter Alice wurde am 21. Juli 1903 und ein Jahr später, am 21. August 1904 Sohn Otto geboren. Das Paar lebte auf Schloss Schönau, wo Louise Robinson den schließlich schwerkranken Otto, bei dem 1906 die tertiäre Phase eingesetzt hatte, auch pflegte. Als Otto am 1. November 1906 starb, hatte er für Louise und ihre Kinder großzügig vorgesorgt. So bestimmte er in seinem Testament, dass sowohl Louise als auch die Kinder jeweils 200.000 Kronen – also insgesamt 400.000 Kronen – zirka 3,5 Millionen Euro – erhalten sollten. Wie sich durch die Akten des Allerhöchsten Privat- und Familienfonds nun erstmals bestätigen lässt, kam Kaiser Franz Joseph dieser Verfügung auch anstandslos nach:

> *In Erfüllung einer von weiland Meinem Herrn Neffen Erzherzog Otto an letzten Willens statt Mir hinterlassene Bitte beauftrage ich Sie, der Tochter des Gesangslehrers Adolf Robinson in Wien, Louise Robinson für Sie und ihre zwei Kinder Alice Robinson und Otto Robinson eine Summe von insgesammt vierhunderttausend Kronen in Staatrente al pari oder im Baarem aus Meiner Handreservekassa auszuzahlen. Wien, 14. November 1906.*[127]

Die damals 23-jährige Louise wurde mit ihren Eltern zum Generaldirektor der Allerhöchsten Familienfonde Baron Chertek gebeten, der sie von der Verfügung unterrichtete und ihnen die Summe übergab – da Louise noch nicht 24 Jahre alt und damit noch nicht volljährig war, wurde die Summe jedoch an ihren Vater übergeben, was in der Folge zu größeren Problemen führen sollte. Adolf Robinson bestätigte die Übernahme des Geldes, die natürlich an die Erklärung gebunden war, keinerlei weitere Ansprüche mehr zu stellen:

Louise Robinson

Indem ich diese Wertheffecten in Gegenwart meiner Frau und meiner Tochter Louise dankend übernehme, erkläre ich in Vertretung dieser meiner minderjährigen Tochter und deren minderjähriger Kinder Alice und Otto, dass ich weder an die Erben des durchlauchtigsten Herrn Erzherzog Otto, noch an irgendein Mitglied des allerhöchsten Kaiserhauses mit Rücksicht auf die Beziehung meiner Tochter zu dem in Gott ruhenden Erzherzog Otto oder aus irgend welchen anderen Titeln Ansprüche irgend welcher Art erheben werde, und dass auch ich in eigenem Namen oder meiner mitgefertigten, dieser Erklärung zustimmender Gattin einmals solche Ansprüche erheben werde.[128]

Je 100.000 Kronen für jedes Kind wurden bei Gericht als Eigentum der Kinder deponiert, die Zinsen erhielt Louise, die zwar noch minderjährig, jedoch schon über zwanzig Jahre alt und damit nach österreichischem Recht zum selbstständigen Bezug der Zinsen für ihre beiden Kinder berechtigt war. Das Problem war jedoch, dass Louise, die den Kontakt zu ihren Eltern mied, allein von diesen Zinsen den Lebensunterhalt für sich und ihre Kinder nicht bestreiten konnte und bis zu ihrer Volljährigkeit nicht an das ihr zugedachte Geld kam. Ein Jahr nach Ottos Tod sah sie sich gezwungen, Baron Chertek zu schreiben und ihn um ein Überbrückungsdarlehen zu bitten, um ihre Schulden, die nach ihren Angaben noch aus der Zeit ihres Zusammenlebens mit Otto stammten, zahlen zu können. Chertek, der zu dem Zeitpunkt nicht wusste, dass sie weder das ihr zugedachte Geld, noch die daraus resultierenden Zinsen von ihren Eltern erhalten hatte, war empört und vermerkte auf dem Akt: »Dieses, nach allem Vorangegangenen u. der ganzen Sachlage geradezu unwürdige Einschreiben verdient wohl als beste Antwort – keine!«[129]

Schließlich schaltete sich jedoch der Jugendrichter ein und informierte einen Mitarbeiter der Kanzlei des Allerhöchsten Familienfonds über den wahren Sachverhalt, der an Baron Chertek berichtete:

Erst in jüngster Zeit habe Louise Robinson dem Dr. Dölzl in seiner Eigenschaft als Vormundschaftsrichter zur Kenntniß gebracht, dass ihr Vater von Eurer Excellenz für sie 200.000 K übernommen habe, von welchem Gelde ihr jedoch bisher auch der Zinsbezug verweigert worden sei. Nur das konnte bisher erreicht werden, dass dieses in Konten elocierte Kapital endlich bei der österr. ungarischen Bank erlegt wurde nachdem es bisher monatelang vom Vater in einem gewöhnlichen Kasten zu Hause aufbewahrt worden war. Nun habe sich aber herausgestellt, dass dieses Depot mit folgender Klausel gesperrt sei: Mit dem Zinsenbezugsrechte für Herrn Adolf Robinson, Gesangsmeister in Wien und Frau Eleonore Robinson Wien IV, Wiedner Hauptstraße 15 und zwar zu Handen des einen oder des Andern derselben, beziehungsweise des Überlebenden bis das Ableben Beider der österr ungar. Bank in Wien nachgewiesen sei.

Louises Vater hatte demnach das Geld einbehalten und damit seine Tochter auch um die ihr zustehenden Zinsen gebracht, was von der Kanzlei ungeschönt als Betrug eingestuft wurde. Da eine Klage Louise Robinsons gegen ihren Vater im Raum stand, die auch strafrechtliche Konsequenzen gehabt und für viel Aufsehen gesorgt hätte, war der Wiener Hof natürlich nicht daran interessiert, die Hintergründe der »Stiftung« an Louise Robinson und ihre Kinder von der Journalistik breitgetreten und damit an die Öffentlichkeit gelangen zu sehen. Man bemühte sich nun intensiv um eine außergerichtliche Einigung. Offenbar wurde mit Louises Vater ein ernstes Wort gesprochen, denn umgehend wurde die Klausel des Zinsbezuges durch Adolf Robinson am 29. August von der Bank über gerichtliches Protokoll, in dem er darauf verzichtete zugunsten Louises abgeändert. Louise war also schließlich doch noch zu ihrem Geld gekommen und lebte weiterhin mit ihren Kindern in der Baumannstraße 4 im 3. Bezirk. Viele Jahre später heiratete sie Baron Poglodowski und starb 1934 mittellos in einem Wiener Spital – ihre Kinder wanderten in die Vereinigten Staaten aus.

»Eine stadtbekannte Cocotte als Favoritin«

Kronprinz Rudolf

Die Geliebten und illegitimen Kinder in einer »standesgemäßen« Ehe unterzubringen, sie damit zu versorgen und gesellschaftlich abzusichern, war im Kaiserhaus gepflogene Praxis. Ehemänner fanden sich dafür stets, da die Männer mit einer Beförderung, großzügigen finanziellen Zuwendung oder wie im Fall Marie Schleinzers sogar mit der Erhebung in den Adelsstand rechnen konnten.

Beliebt waren vor allem kleine Beamte, die keine großen Ansprüche stellten:

> *E. H. Wilhelm hatte vor beiläufig 10 Jahren mit einer gewissen Irene Woller, auch Richter genannt, ein Verhältnis, dessen Folge ein Mädchen war, zu deren Erziehung der H. E. H. [Herr Erzherzog] jährlich 1200 fl fixierte. Irene Woller heiratete im J. 1868 oder 1869 einen Eisenbahnbeamten namens Klubner, Josefstadt wohnhaft. Seither wurde obige Sustentation auf 600 fl reduziert.*[130]

Auch die Schauspielerin Johanna Buska, die die erste – auch »Einlernerin« genannte – Geliebte des Kronprinzen Rudolf war, heiratete noch während ihrer Beziehung zum Kronprinzen überraschend einen wesentlich älteren Mann. Der verwitwete ungarische Aristokrat und General Nikolaus Casimir Török de Szendrö war bereits knappe siebzig, als er im Mai 1880 die 22-jährige Schauspielerin – angeblich auf allerhöchsten Befehl – heiratete. Kurz nach der Hochzeit wurde Johannas Sohn geboren. Als der Graf

1884 starb, erhielt Johanna seine Generalspension, führte ebenso wie ihr Sohn den Grafentitel und war damit finanziell und gesellschaftlich abgesichert.[131] Die Geschichte wurde nicht nur in den Gazetten breitgetreten, sondern inspirierte sogar Theodor Fontane zu seinem Roman »Graf Petöfy«. Fontane kannte Johanna Buska aus seiner Zeit als Theaterkritiker und schrieb anlässlich einer Meldung von Töröks Tod in der »National-Zeitung« an seine Frau Emilie: »In der Nat. Ztng. fand ich eben die beiliegende Notiz. Török ist Petöfi und die Buska ist Franziska, – sie

Johanna Buska

wird aber wohl weniger geistreich sein und gewiß irgendeinen Egon heirathen.«[132]

Kronprinz Rudolf zählte überhaupt zu den Mitgliedern des Kaiserhauses, die die Beamten des Allerhöchsten Privat- und Familienfonds mehrfach beschäftigten – und das über seinen Tod hinaus. Immer wieder meldeten sich Eltern von angeblich verführten Mädchen und forderten Geld. So finden sich in den Akten zahlreiche Ansuchen wie jene der Marie Czermak, der verwitweten Frau eines k. k. Försters, die 1905 um eine Unterstützung für ihre Tochter ansuchte, die angeblich ein kurzes Verhältnis mit dem Kronprinzen gehabt hatte. Frau Czermak gab an, dass Rudolf über einige Jahre bei Jagden in St. Corona am Wechsel auch im Haus des Försters anwesend gewesen sei und es dabei zu nächtlichen Treffen im Schuppen beziehungsweise in der Kammer ihrer Tochter gekommen wäre. Da die Tochter bei ihrer Befragung jedoch angab, dass Mary Vetsera ihr das Kind wegnehmen wollte, um es dem Kronprinzen unterzuschieben, da er sie nur heiraten wollte, wenn sie ein Kind hätte, wurde sie psychiatrisch untersucht und als verwirrt eingestuft. Ihre Mutter wurde darüber informiert und erklärte schließlich schriftlich ihre Behauptungen in Zukunft zu unterlassen.[133]

Abgesehen von Berichten über Zusammenkünfte mit »verdächtigen Personen«, wie dem berühmten Wissenschafter Alfred Brehm, der als »Freimaurer und Darwinist« bei Hof als *persona non grata* galt, war man natürlich auch über Rudolfs Verhältnisse und seine Vorliebe für das Bordell der Madame Wolf in der Nibelungengasse informiert: »Kronprinz Rudolf soll ein intimes Verhältnis mit einer gewissen Frau Fischer, der jungen Gattin eines unbemittelten … Börsenspekulanten haben, die sich jetzt auch in Prag befinden soll. Er erscheint öfter I. Nibelungengasse 4, wo hübsche junge Damen wohnen sollen, in Begleitung des Grafen Larisch [Wallersee]« wusste Informant Ignaz zu berichten.[134]

Breitfeld ergänzte in damals bereits gängiger und geduldeter antisemitischer Tonart:

> *Die Kupplerin Mme. Wolff, Nibelungengasse 4, eine freche Jüdin, schreit den Herrn Kronprinzen als einen ihrer besten Kunden aus. Sie bezeichnete eine gewöhnliche Dirne Namens Julie Kovacs (Getreidemarkt 15) unlängst einem Cavalire gegenüber als die ›Favoritin‹ unseres Kronprinzen.*[135]

Wie alltäglich und wenig Aufsehen erregend das Verhältnis einer verheirateten Frau mit dem Kronprinzen war, wie sehr man davon profitieren konnte, vor allem aber die Tatsache, dass viele Ehemänner offenbar kein Problem damit hatten, sondern den damit verbundenen finanziellen und gesellschaftlichen Aufstieg schätzten, zeigt folgender Bericht Lübecks:

> *Hofphotograph Krziwanek erzählt seinen vertrauten Freunden, dass er seine, nun angenehme, Position nur seiner Frau, die vor etwa 2 Jahren Gnade vor den Augen Sr kais. Hoheit des Kronprinzen gefunden, zu verdanken habe. Er schildert auch die Details, wie der hohe Besuch in seinem Atelier stattgefunden, der Obersthofmeister fortgeschickt u.s.w. Er habe sowohl den Hoftitel als auch seine Villa in Ischl der hohen Protektion zu verdanken.*[136]

Für Erstaunen sorgte offenbar nur der Fall der Gattin des Industriellen Emil Kuranda, Annie Kuranda: »Frau Kuranda, Gattin des Directors der Adria soll trotz ihrer dreißig und etliche Jahre es verstanden haben das lebhafte Interesse einer sehr hohen Persönlichkeit [Kronprinz Rudolf] für sich zu erwecken.«[137]

»Wenn Sie mich lieb haben, erwarten Sie mich im Bett«

Kaiser Franz Joseph

Doch nicht nur Kronprinz Rudolf beschäftigte einst die Beamten des Allerhöchsten Familienfonds, sondern auch sein Vater Kaiser Franz Joseph. Bei einem Spaziergang im Schönbrunner Schlosspark lernte er 1875 die damals 15-jährige, bereits verheiratete Anna kennen. Von da an trafen sich die beiden zunächst zu regelmäßigen gemeinsamen Spaziergängen. Ihr spielsüchtiger Mann, der Seidenfabrikant Johann Heuduck, war zu diesem Zeitpunkt tief verschuldet, musste Konkurs anmelden und ihre Ehe war gescheitert. 1878 ließ sich Anna, die mit Heuduck eine gemeinsame Tochter hatte, scheiden. Im gleichen Herbst besuchte Franz Joseph Anna das erste Mal in ihrer Wohnung in Hetzendorf, wobei er kein Geheimnis daraus machte, worum es bei diesem Treffen gehen sollte: »Wenn ich komme, werden Sie das lästige Mieder nicht haben … Wissen Sie was, wenn Sie mich lieb haben, erwarten Sie mich im Bett.«[138] Von nun an kam Franz Joseph wenn er in Schönbrunn residierte regelmäßig zu Besuch – jedes Mal zwischen vier und halb fünf Uhr früh. Im darauf folgenden Winter, als sich die beiden für einige Monate nicht sahen, lernte Anna den Eisenbahnbeamten Franz Nahowski kennen und verliebt sich in ihn. Ein Jahr lang traf sie sich nun sowohl mit dem Kaiser als auch mit Nahowski, wenn er auf Besuch nach Wien kam. Sie war zwischen beiden Männern hin und her gerissen. Als sie jedoch 1882 von Nahowski schwanger wurde, beschloss sie ihn zu heiraten und teilte Franz Joseph, vor dem sie ihre Schwangerschaft verbarg, ihren Entschluss mit. Bei seinem nächsten Besuch brachte der Kaiser ein Kuvert mit 50.000 Gulden und meinte, dass sie sich ab nun nur noch freundschaftlich begegnen dürften. Dabei blieb es jedoch nicht und Franz Joseph kam auch weiterhin zu ihr. Da Annas Wohnung in Hetzendorf für die kurzen Besuche mit der Zeit unpraktisch wurde, überredete sie ihren Mann ein Haus in der Maxinggasse 46 zu kaufen:

> *Es lag mir schon lange im Sinn, dieses Haus zu kaufen da ich es für die Besuche des Kaisers sehr geeignet finde, da doch der Weg nach Hetzendorf sehr weit ist, besonders wenn Regenwetter, u. der Kaiser bis auf die Haut durchnäßt kommt. Es hat Mühe gekostet, Nahowski für das alte, verwahrloste Haus zu interessieren.*[139]

Im November wurde Anna wieder schwanger – da es in diesem Zeitraum keine Einträge über Besuche des Kaisers gibt, bleibt offen, wer der Vater des Kindes war. Franz Nahowski wusste zwar offiziell nichts vom Verhältnis seiner Frau mit dem Kaiser, da er jedoch nie nachfragte, woher denn die 50 000 Gulden stammten, mit denen sie sich das Haus und die Renovierung leisten konnten, wusste er vermutlich Bescheid. Berufliche Vorteile hatte er jedoch keine, er war sogar entlassen worden. Annas Verhältnis mit dem Kaiser dauerte insgesamt beinahe 14 Jahre, blieb aber mit wenigen Ausnahmen auf die kurzen morgendliche Besuche zwischen fünf und sechs Uhr früh beschränkt, die wohl nur einem Zwecke dienten. Gemütliche und vertraute gemeinsame Stunden, regen brieflichen Kontakt und Geschenke wie später bei Katharina Schratt gab es niemals. Als Franz Joseph durch die Vermittlung seiner Frau Kaiserin Elisabeth die Schauspielerin Katharina Schratt kennen lernte, beendete er das Verhältnis schließlich. Im März 1889 erhielt Anna einen Brief des Generaldirektors des Allerhöchsten Privat- und Familienfonds, der sie zu einer Unterredung in sein Büro bat. Er eröffnete ihr, dass ihr der Kaiser ein Geschenk machen wolle – und zwar in der gleichen Höhe, wie einige Jahre zuvor. Anna verstand, dass es sich um ein Abschiedsgeschenk handelte, war nicht verlegen und verlangte ein vierfaches der angebotenen Summe, um ihre Kinder gut versorgen zu können, da ihr Mann ja seinen Dienst verloren hatte. Da Anna bereits durch einige öffentliche Eifersuchtsszenen aufgefallen war und der Hof jegliches Aufsehen vermeiden wollte, erhielt sie auch die geforderten 200.000 Gulden. Im Gegenzug unterschrieb sie folgende Erklärung:

> *Ich bestätige hiermit daß ich am heutigen Tag 200.000 fl als Geschenk von Seiner Majestät dem Kaiser erhalten habe. Ferner schwöre ich, daß ich über die Begegnung mit Seiner Majestät jederzeit schweigen werde. Anna Nahowski Wien, 14. März 1889.*[140]

Ob Helene Nahowski, die später den Komponisten Alban Berg heiratete, Franz Josephs Tochter war, geht aus Anna Nahowskis Memoiren, die nach ihrem Tod von ihrer Tochter veröffentlicht wurden, nicht hervor. Sie selbst äußerte sich auch niemals dazu und da sie die Abfindungssumme für ihre »Kinder« forderte, von denen nur Helene als Tochter des Kaisers in Frage kam, kann dies auch nicht als Indiz bewertet werden.

Kaum hatte Franz Joseph Anna Nahowski »standesgemäß« abgefunden, konnte er sich der Frau widmen, die für den Rest seines Lebens seine »Freundin« und Vertraute bleiben sollte. Kaiserin Elisabeth selbst hatte ihrem Mann die gefeierte Burgschauspielerin Katharina Schratt vorgestellt und ihre Beziehung von Beginn an gefördert. Die 1853 geborene Katharina Schratt, eine Kaufmannstochter aus Baden bei Wien, begann ihre Karriere am Wiener Stadttheater, danach nahm sie Engagements in Berlin,

St. Petersburg und Amerika an. 1879 heiratete sie den ungarischen Baron Nikolaus Kiss de Ittebe, bekam einen Sohn, trennte sich jedoch schon bald von ihrem Mann, ohne sich von ihm scheiden zu lassen und kehrte nach Wien ans Burgtheater zurück. Elisabeth, die längst ein unabhängiges Leben abseits des Hofes und zumeist fern von Wien führte, hatte das Interesse ihres Mannes an der attraktiven Schauspielerin sofort bemerkt und arrangierte die ersten Treffen der beiden, was ja bei Hof und dem herrschenden Protokoll nicht einfach war. So besuchte Frau Schratt zunächst meist ganz unverdächtig die Vorleserin und Vertraute der Kaiserin, Ida Ferenczy, in ihrer Dienstwohnung in der Hofburg. Ganz »zufällig« gesellte sich auch der Kaiser dazu. So blieb der Anstand gewahrt. Elisabeth wusste Franz Joseph bei der fröhlichen und herzlichen Schauspielerin in guten Händen und hatte sich damit ein weiteres Stück Unabhängigkeit gesichert. Katharina Schratt war mit ihrer humorvollen, unkomplizierten und gemütlichen Art sowohl bei Hof als auch in der Familie bald als »die Freundin« akzeptiert und anerkannt. Sie verbrachte viel Zeit mit dem Kaiserpaar und war oft zu Familiendiners eingeladen. Die einzige, die über die Entwicklung unglücklich war, war Franz Josephs jüngste Tochter Marie Valerie, die sich anfangs äußerst eifersüchtig zeigte und nicht verstehen konnte, wieso ihre Mutter diese Freundschaft so unterstützte. Vor allem der tragische Tod Kronprinz Rudolfs brachte die beiden einander sehr nahe. Franz Joseph suchte und fand bei ihr Trost – Elisabeth war ihm in dieser Zeit keine Stütze. Am 5. Februar 1889 schrieb er an Katharina Schratt:

> *Heute nur wenige Zeilen … um Ihnen zu sagen, daß ich in meinem unsagbaren Schmerze, viel und mit den Gefühlen innigsten Dankes an Sie denke. Ihre treue Freundschaft und Ihre wohltuende, ruhige Theilnahme waren uns ein großer Trost in diesen letzten entsetzlichen Tagen …*[141]

Und ein Jahr danach:

> *Könnte ich nur auch so schön schreiben und meinen Gefühlen den rechten Ausdruck geben, so aber kann ich meinen innigsten Dank nur in die Worte kleiden, die auch nur eine Wiederholung sind: daß ich Sie unendlich, ganz entsetzlich lieb habe. Wie kann ich Ihnen genug danken für die Güte und den Trost in dem traurigen Jahre, das nun zu Ende ist. Die schweren Augenblicke, die Sie mit uns durchlebt haben sind ein unauflösliches Band fürs Leben und so lassen Sie mit der Zuversicht Ausdruck geben, daß unsere Freundschaft eine treue und feste bleiben wird.*[142]

Katharina Schratt wurde zu einem festen Bestandteil seines Lebens und Franz Joseph, der seine Gewohnheiten fortführte, kam nun – immerhin erst um sieben Uhr früh – in die Villa der »Gnädigen Frau« in der Hietzinger Gloriettegasse nahe des Schönbrunner Schlossparks zum Frühstück. Katharina Schratt hatte immer einen frischen Gugelhupf, vor allem aber unterhaltsame Geschichten für den Kaiser parat. Oft gingen sie auch zu Mittag gemeinsam im Schlosspark spazieren. Für die Sommeraufenthalte des Kaisers in Ischl erwarb Katharina Schratt die Villa Felicitas, die in unmittelbarer Nähe zur Kaiservilla lag. Auch hier bewirtete sie den Kaiser mit seinen Lieblingsspeisen, manchmal waren bei den Treffen auch prominente Gäste wie Alexander Girardi oder andere Schauspieler- und Künstlerkollegen anwesend und trugen damit zur Unterhaltung des Kaisers bei. Doch Katharina Schratt unterhielt den Kaiser nicht nur, sondern kümmerte sich auch um ihn. Da er ja Gegenstände, die sein Leben erleichtern konnten meist als überflüssig ablehnte, schenkte sie ihm einfach immer wieder nützliche Dinge. Dazu gehörte ein Ventilator, der die heißen und stickigen Tage in seinem Arbeitszimmer erträglicher machen sollte, oder einen Bettvorleger. In ihrer ungezwungenen offenen Korrespondenz machte sich Franz Joseph oft über ihren Hang zu außergewöhnlichen Kurmethoden, in denen sie offenbar Elisabeth nacheiferte, lustig. Als er erfuhr, dass Katharina Schratt in Karlsbad eine Abmagerungskur mit Heublumenbädern machte, schrieb er:

> *Den Zweck dieses neuen Experiments kann ich mir nicht recht erklären und mir nur denken, daß der Heugeruch einen an Rappel gränzenden Zustand der geistigen Fähigkeiten herbeiführen muß, wenigstens in England ist die sogenannte Heukrankheit ein Stadium der durch Dr. Kraft-Ebing zu behandelnden Leiden. Bis jetzt hatte ich nur von den Heubädern in Tirol gewußt, wo die Bauern sich im paradisischen Costüme in einen Heuschober vergraben, so dass nur der Kopf heraus sieht […] vielleicht bringt Sie Ihre Passion für Experimental Medizin dazu, auch diese ländliche Kur einmal zu versuchen. Die Wiese bei der Felicitas würde sich dazu eignen. Übrigens kann ich, wie bei der Kaiserin, auch bei Ihnen nur meine freudige Bewunderung über die kräftige Natur aussprechen, die all diese Bäder, Wässer, Trankln, Pulver, kalte und warme Behandlungen aushält.*[143]

Ob Katharina Schratt die Geliebte oder »nur« Vertraute des Kaisers war, ist bis heute nicht eindeutig festzustellen. In ihrer Korrespondenz, die in dieser Hinsicht allerdings vielleicht keine optimale Quelle darstellt, ist jedenfalls kein Hinweis darauf zu finden, ob ihre Freundschaft mehr als platonisch war. In den Briefen ist zwar von Küssen die Rede, die als Stricherl angedeutet sind, aber die Briefe, in denen der Kaiser darauf hofft, sie »wiedereinmal im Bette zu finden«, sind in diesem Fall kein Beweis für eine intime Beziehung, da sie die damals sogenannte »stille Woche« – also die Menstruation – betrafen, die Katharina Schratt meist im Bett verbrachte.[144] Sie empfing jedoch auch in diesen Tagen, im eleganten Negligé im Bette liegend, Besuche und Franz Joseph fand diese Stunden besonders gemütlich und vertraulich und erwähnte sie sogar in seinen Briefen an Kaiserin Elisabeth. Der Leibkammerdiener des Kaisers, Eugen Ketterl, beschrieb die Beziehung in seinen Memoiren folgendermaßen: »Frau v. Schratt war nicht die ›Freundin‹ des Kaisers, sondern sie war des Kaisers Freund, und zwar dessen treuester, bester, klügster und uneigennützigster.«[145] Auch die Frage, ob der Kaiser Katharina Schratt im hohen Alter noch geheiratet habe, muss unbeantwortet bleiben, da das Trauungsbuch im Erzbischöflichen Palais, in dem die Hochzeit angeblich stattgefunden hatte, nicht mehr existiert.

Auch Katharina Schratt gegenüber zeigte sich der Kaiser jedenfalls äußerst großzügig. Sie erhielt regelmäßig kostbare Geschenke – meist Schmuck und Juwelen – außerdem beglich der Kaiser nicht selten ihre beträchtlichen Spielschulden. Katharina Schratt war zwar nicht im Testament des Kaisers bedacht, nachdem er ihr aber über viele Jahre zahlreiche Schmuckstücke geschenkt hatte, konnte sie auch nach seinem Tod ein sorgenfreies Leben in ihrem Palais am Kärntnerring, das ihr der Kaiser gekauft hatte, führen. Bis zu ihrem Tod am 17. April 1940 schwieg sie eisern über ihr Verhältnis zu Kaiser Franz Joseph.

»Hilfe des Gerichtes zur Erlangung einer Alimentation«

Erzherzog Leopold Ferdinand

Doch nicht alle Erzherzöge versorgten ihre außerehelichen Kinder von sich aus oder zeigten sich gar so verantwortungsbewusst und großzügig wie Erzherzog Otto. Die natürlichen Kinder Erzherzog Leopold Ferdinands, der 1902 aus dem Kaiserhaus ausschied und unter dem bürgerlichen Namen Leopold Wölfling ein eher abenteuerliches Leben führen sollte, hatten da weniger Glück; es mussten sogar die Gerichte eingeschaltet werden. Der Erzherzog hatte vor allem in der Zeit als er noch im Dienste der Armee in Brünn und Breslau stationiert war, zahlreiche Liebschaften, die auch nicht ohne Folgen blieben. Seiner Liaison mit einer Zuckerbäckertochter in Breslau entspross eine Tochter, die nach dem Tod ihrer Mutter von den Großeltern großgezogen wurde, die keinerlei Ansprüche stellten. Eine Choristin am Staatstheater in Brünn, Fräulein P., die sich 1896 nach der Geburt eines Mädchens von ihrem »Verehrer verlassen sah, war jedoch, da ein gütliches Arrangement nicht zu erzielen war, genötigt, die Hilfe des Gerichtes zur Erlangung einer Alimentation in Anspruch zu nehmen.«[146] Schließlich kam es zu einem Vergleich auf Grund dessen sich der Erzherzog verpflichtete, für seine Tochter monatlich dreißig Gulden – zirka fünfhundert Euro – zu bezahlen und ihr an ihrem 22. Geburtstag eine Ausstattung zu übergeben. Der Anwalt der Mutter wollte ursprünglich auf diesen Vergleich nicht eingehen und eine größere Abfindungssumme erreichen, doch scheiterten die diesbezüglichen Verhandlungen daran, dass der Vertreter des Erzherzogs erklärte, »der Erzherzog könne mit Rücksicht auf seine Vermögenslage auf eine höhere Alimentation nicht eingehen.«[147] An dieser Stelle sei an die erzherzogliche Apanage von 45.000 Gulden erinnert, bei seinem Austritt aus dem Kaiserhaus erhielt Leopold Ferdinand eine Abfertigung von 200 000 Kronen – umgerechnet 1 760 000 Euro.[148]

Wenn »der Mensch erst beim Baron anfängt«

Erzherzog Heinrich

Solange Kinder aus morganatischen Ehen – also Ehen zwischen Erzherzögen und nicht standesgemäßen Frauen – keine Ansprüche stellten, sah das Kaiserhaus auch kein Problem. Kamen sie jedoch auf die Idee, Abfindungen einzufordern, lernten sie den gemütlichen Wiener Hof von einer ganz anderen Seite kennen. Als Paradebeispiel seien hier die Kinder Erzherzog Heinrichs und seines Bruders Erzherzog Ernsts – beide Söhne Erzherzog Rainers, Vizekönig von Lombardo-Venezien – genannt. Beide Brüder heirateten morganatisch und mussten die damit verbundenen Konsequenzen tragen. Die Lebenswege ihrer Kinder verliefen dennoch völlig unterschiedlich. Während die einen ein behütetes und versorgtes Leben lebten, endeten die anderen noch zu Lebzeiten des Vaters praktisch als Waisen, kämpften um Anerkennung und endeten verbittert vor Gericht.

Der 1828 geborene Erzherzog Heinrich lernte 1863 in Graz die Sängerin Leopoldine Hofmann kennen und suchte beim Kaiser um eine morganatische Eheschließung an, da Franz Joseph nach dem Kaiserlich Österreichischen Familienstatut aus dem Jahre 1839, das alle Rechtsbeziehungen der einzelnen Mitglieder des Kaiserhauses zum jeweiligen Familienoberhaupt untereinander und gegenüber Dritten regelte, als Familienoberhaupt darüber zu entscheiden hatte. Franz Joseph lehnte ab, worauf die beiden schließlich am 4. Februar 1868 ohne Zustimmung des Kaisers in Bozen heirateten. Da er damit gegen geltendes Recht und die Entscheidung seines kaiserlichen Onkels verstoßen hatte, wurde

Heinrich umgehend aus der Familie ausgeschlossen und die Ehe nicht anerkannt.

Bereits am 17. Februar setzte der Kaiser in einem Schreiben Außenminister Beust von der Verfügung in Kenntnis, »welche Ich in Betreff der von dem Erzherzoge Heinrich eingegangenen nicht ebenbürtigen Ehe getroffen habe: Wiewol der Genannte diese eheliche Verbindung gegen Meinen, ihm ausdrücklich kundgegebenen Willen geschlossen hat, so will Ich dieselbe aus besonderer Gnade, jedoch unbeschadet des Mir nach dem Familienstatute vom 3. Febr. 1839 zustehenden Rechtes unter nachstehenden Bedingungen und Anordnungen, welche von ihm durch schriftliche Erklärung dto. Rosenheim, 15. d. M. dankend und mit der Verpflichtung, denselben pünktlichst und gewissenhaft nachkommen zu wollen, angenommen wurden, unangefochten belassen. Erzherzog Heinrich hat hiernach, nachdem ich ihn von der Stelle eines Inhabers des Lin. Inf. Reg. N. 62 enthoben, und die von ihm auf Meine Aufforderung angesuchte Quittirung seiner Feldmarschall-Lieutnants-Charge ohne Beibehalt des Militär-Charakters genehmigt habe, auf das Recht, als Prinz des kaiserl. Hauses öffentlich angesehen und behandelt zu werden verzichtet. Er hat ferner seinen Aufenthalt im Auslande zu nehmen, von der Wahl des Ortes, so wie von jeder Veränderung des Wohnsitzes Mir die Anzeige zu erstatten; weiters wird er von nun an den Namen Graf Waideck führen, ohne daß seine Gattin irgend ein Anspruch auf Erhebung in den Adelsstand zusteht; endlich hat er sich bezüglich seiner Vermögensverhältnisse und wegen Feststellung seines künftigen Lebensunterhaltes mit seinen Brüdern auseinander zu setzen und sich dem diesfälligen von Mir zu genehmigenden Übereinkommen zu fügen ...«[149]

Der Entschluss des Kaisers stieß in der Bevölkerung auf großen Unmut und die Spitzel des Informationsbüros berichteten:

> *Die Ausweisung des Erzherzogs wird in Bürgerkreisen missbilligend aufgenommen weil man a. h. Orts glaube, dass der Mensch erst beim Baron anfängt, und die Hofmann als Bürgerliche angefeindet werde. In Graz, wo Erzh. Heinrich geliebt und Frl Hofmann geachtet war, begreift man die Strenge S. Maj. gegen den Erzherzog nicht.*[150]

Heinrich musste mit seiner Frau der kaiserlichen Verfügung entsprechend ins Ausland gehen und lebte in Luzern. Als jedoch 1872 ihre gemeinsame Tochter Maria Raineria geboren wurde, wurde Heinrich aus unbekannten Gründen ausnahmsweise wieder in seine erzherzoglichen Rechte eingesetzt und durfte mit seiner Frau, der zunächst der Titel Frau von Waideck, ab 1878 Baronin von Waideck zu führen gestattet wurde, wieder nach Österreich zurückkehren, wo sie in Bozen im Palais Campofranco lebten. Nur selten reiste der Erzherzog, der ein sehr zurückgezogenes Leben führte, nach Wien – eine Ausnahme war die Hochzeit Erzherzogin Louises mit dem sächsischen Kronprinzen Friedrich August im Jahre 1891. Während ihres Aufenthaltes erkrankten Heinrich und seine Frau an einer schweren Lungenentzündung an der sie beide in der Nacht vom 29. auf 30. November verstarben. Heinrichs Bruder Erzherzog Rainer nahm ihre Tochter Maria Raineria bei sich auf, die als Kind, das einer morganatischen Ehe entstammte, keinen Anspruch auf das Erbe ihres Vaters hatte und auch keinen stellte. Erzherzog Rainer vermittelte ihre Hochzeit mit dem Grafen Enrico Lucchesi-Palli, Fürst von Campofranco, mit dem sie auf Schloss Salegg in Kaltern (Südtirol), das sie von ihrem Großvater Erzherzog Rainer geerbt hatte, lebte.

»Mein Vater sprach kein Wort«

Erzherzog Ernst

Ganz anders erging es den Kindern des 1824 geborenen Erzherzog Ernsts und seiner Frau Laura Skublics de Velike et Bessenyö, die für großes Aufsehen und damit für Aufruhr im Kaiserhaus sorgten, da sie nach dem Tod ihres Vaters 1899 versuchten gerichtlich die Anerkennung der legitimen Eheschließung ihrer Eltern und damit ihren Erbanspruch sowie die Führung eines Adelstitels durchzusetzen. Der Wiener Hof, der in ähnlichen Fällen kein Problem damit hatte, Kindern die aus morganatischen Ehen hervorgegangen waren, einen standesgemäßen Namen zu geben, reagierte jedoch mit all seiner Macht darauf, wenn es darum ging auch finanzielle Ansprüche geltend machen zu wollen und schreckte nicht davor zurück de facto Familienmitglieder zu diskreditieren und zu schikanieren.

Erzherzog Ernst hatte Laura von Skublics in Budapest kennen gelernt, als sie in einer Erbschaftsangelegenheit zu ihm in Audienz kam. Der Erzherzog und die verwitwete Tochter eines ungarischen Gutsbesitzers und Obergespans (lokaler Verwaltungs- und Gerichtsvorstand) verliebten sich ineinander und um kein Aufsehen zu erregen, suchte Ernst um seine Versetzung nach Laibach an, wo er Laura am 26. April 1858 heiratete. Als Trauzeugen fungierten sein jüngerer Bruder Heinrich, der zu dieser Zeit ebenfalls in Laibach stationiert war und sein Kammerdiener Zeleznik. Das Paar lebte in Laibach, bekam vier Kinder, Laura, Ernst, Heinrich und Clothilde, die den Namen von Wal(l)burg trugen. Doch das Familienglück sollte nicht lange währen. Nach der Geburt ihrer jüngsten Tochter erkrankte Laura an einer schweren Unterleibserkrankung, an der sie zwei Jahre später, im Oktober 1865 verstarb. Die Kinder wurden vorerst in die Obhut ihres Onkels – Lauras Bruder Julius – und seiner Frau übergeben und übersiedelten in die eigens dafür angemietete Villa Grillen in der Hinterbrühl. Erzherzog Ernst wurde nach Prag versetzt, kam aber hin und wieder, vor allem zu den Geburtstagen der Kinder, auf Besuch. Da Ernst seine Kinder von seinem Schwager schlecht betreut vorfand, entzog er ihm die Vormundschaft und übertrug sie seinem Sekretär Rudolf Skall. Die Mädchen kamen nun zu den Englischen Fräulein in St. Pölten, die Buben ins Löwenburg'sche Konvikt in Wien

Erzherzog Ernst

und gingen ins danebenliegende Piaristengymnasium. Die Ferien durften die Kinder bei ihrem Vater in seinem Schloss Schönkirchen bei Gänserndorf verbringen.

1873 kam der große Wendepunkt für die Kinder. Der älteste Sohn Ernst war mittlerweile in der »Fisolenhaus« genannten Kadettenschule in Straß in der Steiermark, als eines Tages ein neuer Vormund – ein Sekretär seines Onkels Erzherzog Rainer – erschien und ihm den Befehl gab »mich aller früheren Erinnerungen zu entschlagen und bei gelegentlicher Fragestellung nach dem Namen und dem Stande meines Vaters jedermann die lügenhafte Antwort zu erteilen, dass dieser – mein Vater – k. k. Oberst gewesen und im Jahre 1866 in der Schlacht bei Königgrätz gefallen sei; Erzherzog Ernst sei ein Gönner meines vor dem Feinde gefallenen Vaters und nur mein Wohltäter gewesen.«[151] Den Mädchen erging es, wie aus den bisher unveröffentlichten Memoiren Clothilde Wallburgs hervorgeht, gleich. Sie wurden zur Oberstvorsteherin gerufen, die ihnen mitteilte, dass sie »von nun an mit dem Märchen, dass der Erzherzog Ernst unser Vater sei, ein für allemal ein Ende machen müssen, er sei nicht unser Vater sondern unser Wohltäter, der sich aus besonderer Güte nach dem Tode unserer Mutter die ganz arm gestorben ist, angenommen hat, bei strenger Strafe ist uns nun verboten von ihm zu reden.«[152] Die Kinder waren nicht nur geschockt, sondern auch verzweifelt, da sie von einem Tag auf den anderen nichts mehr von ihrem Vater hörten und das Leben von Waisen führen mussten. Ernst kam nie wieder auf Besuch, die einzigen Lebenszeichen bestanden in sporadischen Nachrichten und Geschenken, die ihnen ihr neuer Vormund Eduard von Gall zukommen ließ. Traumatisch war für die Kinder außerdem, dass sie von nun an auch keinen Kontakt mehr zueinander hatten, selbst die Ferien getrennt voneinander in den Internaten verbringen mussten und sich für viele Jahre nicht mehr sehen sollten.

Diese radikale Wende hing zweifellos mit den enormen Schulden Erzherzog Ernsts zusammen, die 1873 Millionenhöhe erreicht hatten. Den Hauptteil machten Spielschulden aus, dazu war jedoch gekommen, dass Ernst nach dem Tod seiner Frau wechselnde Geliebte ausgestattet und abgefunden hatte. Mit seinem regen Liebesleben sorgte er im Informationsbüro für einen ähnlich umfangreichen Akt wie Erzherzog Otto:

> *Unterhält seit einem Jahre in Graz ein Verhältnis mit einem angeblich nach Ollmütz zuständigen Freudenmädchen namens »Oel Pepi«. Kaufte ihr die Investione einer Modistin, später eine schöne Villa und Equipage, in welcher sie mit Offizieren kutschierte und sich von letzteren, namentlich Husaren – auch mit Champagner traktieren ließ. (Ist sehr putzzüchtig.) Skandalmacherin. Soll von der Polizei aus Graz ausgewiesen worden sein u. z. wegen Aneignung des Titels einer Gräfin und Führung eines adeligen Wappens auf ihrem Wagenschlag.*[153]

Nachdem Ernst seine Geliebte mit seinem Adjutanten in flagranti ertappt hatte, trennte er sich von ihr, sah sich jedoch gezwungen noch ihre Schulden zu begleichen: »E. H. Ernst soll in Graz noch manche Schuld für die ehemalige Modistin Leitner zu bezahlen haben. Ein Grazer Advokat will sich diesfalls an den Wiener Polizei-Coär. Breitenfeld wenden, da dieser mit der Abwicklung solcher Geschäfte betraut sei.«[154] Der Hof sprang ein und Ernst erhielt ein Darlehen von 200.000 Gulden aus dem Allerhöchsten Privat- und Familienfond. Doch bereits kurze Zeit darauf sah er sich wieder in der Situation für die Schulden seiner neuen Geliebten aufkommen zu müssen: »E. H. Ernst hat eine neue Liaison mit der Schauspielerin Helm., welche ihn viel Geld kostet. Sie spielt am Badener Theater.«[155] Ein Jahr darauf hieß es: »E. H. Ernst sucht durch den Gfn. Strachwitz und den Dr. Glandinger

20.000 fl aufzunehmen u.z. zur Begleichung der Schulden nach der Ellinor v. Helmstadt.«[156] Einige Monate später wurde dem Informationsbüro wiederum gemeldet:

> *Nachdem E.H. Ernst seine frühere Geliebte durch Schenkung resp. Ankauf der Müller'schen Häuser in der Laudon-Gasse abgefertigt hat, unterhält er jetzt mit der Oberleutnant Witwe Frank, vulgo Baronin Frank ein Liebesverhältnis, das ihn bereits bei 100.000 fl gekostet haben dürfte. Mme. Frank ist eine Cousine des Grf. Strachwitz, der für den H. E. H. gewöhnlich Gelder aufnimmt.*[157]

Da seine Besitztümer wie Schloss Schönkirchen längst verkauft waren, versuchte der Erzherzog also über seinen Freund Graf Strachwitz an Geld zu kommen. Er verlor jedoch offenbar den Überblick über seine Schulden, sodass die Situation 1873 schließlich eskalierte: »Der Agent Carl Steiner versicherte, dass die Gesamtschulden Sr. Hoheit mehr als anderthalb Millionen ausmachen. Der E.H. habe fast in der ganzen Monarchie Gläubiger; die meisten in Wien Prag und Brünn. Seiner M. dem Kaiser habe er bloß 1 Million angegeben. Seine Hausleute trösten die Gläubiger mit der Aussicht auf Beerbung des Kaisers Ferdinand u E.H. Albrecht.«[158] Um ihn vor der Aufnahme immer neuer Schulden zu schützen beziehungsweise ihn daran zu hindern, wurde Ernst unter Aufsicht gestellt – doch umsonst:

> *Der in einem Schlösschen Böhmen's wegen seines leichtsinnigen Gebahrens von S.M. dem Kaiser auf zwei Jahre u. zwar unter Aufsicht eines kk Artillerie Hauptmanns relegierte [verwiesene] Erzhzg Ernst soll seit drei Tagen in seinem Verbannungsorte vermisst werden. Es soll einem Agenten gelungen sein dem Erzherzoge 10.000 auf einen Wechsel vorzustrecken, womit sich der Verbannte zur*

> *Flucht ins Ausland verholfen hätte. Überhaupt beschäftigen sich die Wucherer noch immer mit dem Erzherzoge und wurden ungeachtet dass der A. Hof mehr als eine Million Schuldschein eingelöst hat, fort solche nahezu jede Woche in Zirkulation gesetzt.*[159]

Den Rest seines Lebens blieb der Erzherzog unter Aufsicht gestellt und streng bewacht, lebte zunächst in Bozen im Haus seines Bruders Heinrich und nach dessen Tod in Arco im Trient. Selbst nach seinem Tod 1899 tauchten noch immense Forderungen auf – so wurden im Jahre 1900 Schulden in der Höhe von 60.000 Gulden aus dem Allerhöchsten Privat- und Familienfond beglichen.[160] Welche Gründe dazu führten, dass Ernst nicht nur den Kontakt zu seinen Kindern abbrechen, sondern sie sogar verleugnen musste, geht aus den Quellen jedoch nicht hervor. Ein Grund könnte darin liegen, dass das Kaiserhaus, das immerhin umgerechnet über 13 Millionen Euro beglichen hatte, zumindest etwaige Erbansprüche der Kinder ausschließen wollte. Für ihre Erziehung und Ausbildung kam weiterhin die Familie ihres Onkels Erzherzog Rainer auf.

Während die Mädchen für zwölf Jahre ausschließlich bei den Englischen Fräulein lebten und Ernst zunächst eine militärische Laufbahn einschlug, blieb ihr Bruder Heinrich bei den Piaristen, studierte danach Jus und wurde Rechtspraktikant, wobei er von Erzherzog Rainer eine monatliche Zulage von 80 Gulden bezog. Ihm setzten jedoch die Verleugnung seiner Herkunft und die Trennung von seinem Vater und den Geschwistern am meisten zu, er litt unter der Zurücksetzung, bekam schwere Depressionen und nahm sich im Februar 1888 das Leben.

1879 kamen die Schwestern zu einer Familie in Innsbruck, um dort »die Hauswirtschaft zu erlernen« – dort blieben sie bis zu Clothildes Hochzeit im Jahre 1884. Erzherzog Rainer hatte ihr den zwanzig Jahre älteren Kreisarzt Sedelius Pegger aus Lienz als Mann auserkoren. Als sich Clothilde weigern wollte den viel älteren und ihr völlig unbekannten Arzt zu heiraten, wurde sie vor die Wahl gestellt entweder zu akzeptieren oder ab sofort ohne Unterstützung alleine für ihr Leben aufkommen zu müssen. Clothilde akzeptierte und erhielt von Rainer eine Mitgift von 20.000 sowie eine Aussteuer von 4000 Gulden. Bei der jährlichen Apanage eines Erzherzogs von 45.000 Gulden war dies durchaus eine stattliche Summe. Mit Ehemann und Schwester Laura, die seit einem Sturz in ihrer Kindheit geistig zurückgeblieben war, lebte Clothilde nun in Lienz und bekam drei Kinder. Welch unwürdige Szenen sich aus der Situation ergab, dass sie ja wusste wer ihr Vater war, was dieser aber verleugnete, zeigt ein zufälliges Zusammentreffen mit ihrem Vater in Begleitung seines Bruders Heinrichs auf offener Straße in Bozen. Clothilde war so überrascht und geschockt, dass sie sich auf eine Bank setzen musste, woraufhin Heinrich zu ihr kam und sie fragte, ob alles in Ordnung sei, während ihr Vater daneben stand und kein Wort sagte. Da die beiden Brüder jedoch miteinander flüsterten und sie musterten, wusste sie, dass ihr Vater sie erkannt hatte – dennoch sprachen sie nicht miteinander. Dieses Zusammentreffen veränderte jedoch ihr Leben, denn sie begann nun seine Nähe zu suchen. Sie las in den Zeitungen, wo sich ihr Vater gerade aufhielt und reiste ihm nach, um ihn nach Möglichkeit zu sprechen. Nach dem Tod ihres Mannes übersiedelte sie schließlich mit ihren Kindern nach Wien und schrieb einer entfernten Tante ihres Vaters, Wilhelmine Montleart, die in ihrem Schloss auf dem später nach ihr benannten Wilhelminenberg residierte. Sie schilderte Wilhelmine, dass es ihr sehnlichster Wunsch wäre, ihren Vater wieder zusehen und Wilhelmine arrangierte schließlich ein Treffen – das erste seit vielen Jahren. Ein Kindheitstraum ging für Clothilde in Erfüllung, ihr Vater hatte auch Bilder ihrer Mutter mitgebracht, an die sie sich kaum noch erinnern konnte. Nach dem Besuch machte Wilhelmine Clothilde darauf aufmerksam, dass sie ihren Vater beim Abschied in der Öffentlichkeit nicht küssen dürfe, da er ständig kontrolliert und beobachtet, alles Erzherzog Rainer berichtet werde, und wenn dieser davon erführe, dürfte der Vater nicht mehr nach Wien kommen. Der Erzherzog sei zwar »nicht unter Kuratel aber ihm sei jedes Verfügungsrecht über sein Vermögen genommen, das von Rainer eingezogen worden war. Er konnte über nichts verfügen und hoffte doch noch einmal frei zu sein.«[161]

Als Clothilde Rittmeister Eugen Szimic von Majdangrad kennen lernte und wieder heiraten wollte, suchte sie um eine Audienz bei Kaiser Franz Joseph an, da die beiden nicht über die finanziellen Mitteln verfügten, die damals für Militärs notwendige Heiratskaution aufzubringen. Sie schilderte dem Kaiser ihre Situation und bezog sich dabei ganz offen darauf, dass sie als Tochter Erzherzog Ernsts hoffe seine Unterstützung um Erlass der Kaution zu finden. Franz Josephs Antwort lautete »Das ist interessant« und bat sie nach Hause zu gehen, er werde sich der Sache annehmen. Am Abend berichtete ein Bote, sie möge beim Obersthofmeister Fürst Liechtenstein erscheinen – Clothilde fuhr sofort hin. Liechtenstein teilte ihr mit, der Kaiser hätte ihr Gesuch sofort bewilligt, nachdem er sich bei ihm erkundigt hatte, ob ihre Angaben stimmen, da Liechtenstein ein Freund ihres Vaters war und über seine Familienverhältnisse Bescheid wusste. Clothilde konnte nun Rittmeister Szimic heiraten, blieb in brieflichen Kontakt mit ihrem Vater, sollte ihn jedoch nur noch zweimal sehen, als er sie in ihrer Wohnung besuchte.

Clothildes Bruder Ernst Wallburg hingegen wollte sich nicht in sein »Schicksal dreinfügen« sondern durch seinen Lebensstil darauf aufmerksam machen, dass er sich sehr wohl als legitimer Sohn des Erzherzogs betrachtete – wodurch seine Versuche seinen Vater wiederzusehen jedoch erschwert wurden. Ab 1877 verbrachte er seinen jährlichen Urlaub in Wien, wo ihm sogar einige Zimmer im Palais seines Onkels Erzherzog Rainer zu Verfügung standen. Ernst begann nun ein kostspieliges – nach seinen Vorstellungen standesgemäßes – Leben zu führen, zu dem Sport, Hunde, Pferde, Vergnügungen und nicht zuletzt Frauen zählten. Er machte ungeniert Schulden und ging davon aus, dass Rainer seine Schulden bezahlen müsse, was dieser zunächst auch tat, allerdings verscherzte er es sich nach und nach mit seinem »Gönner«. Immer wieder kam es zum Streit und schließlich zum Bruch. Rainer zahlte ein letztes Mal Ernsts Schulden, sein Neffe musste jedoch aus dem Militär ausscheiden und durfte auch nicht mehr ins Palais, sondern musste nun im Hotel wohnen.

1888 reiste er nach Bozen, um seinen Vater wiederzusehen, doch statt einem Zusammentreffen überbrachte ihm ein Sekretär fünfhundert Gulden mit dem Bescheid, dass er nicht empfangen werde. Ernst empfand dies zwar als Demütigung, nahm das Geld jedoch an. Als er sein Glück im November nochmals versuchte, erhielt er prompt eine amtliche Vorladung sowie eine Zusage von achthundert Gulden, sollte er Bozen noch am selben Tag verlassen. Zurück in Wien empfing ihn bereits eine weitere Vorladung beim Polizeichef, der ihm mitteilte, dass er über alles Bescheid wisse, über die Verhältnisse informiert sei und den Auftrag habe auszurichten, er möge die Familie nicht mehr belästigen – man wolle höheren Ortes etwas für ihn tun, aber er dürfe nie wieder nach Bozen reisen, dafür würde er die zugesagten achthundert Gulden erhalten. Ernst nahm das Geld – und fuhr nach Bozen. Dort kundschaftete er die Gewohnheiten seines Onkels Heinrich aus, bei dem sein Vater lebte. Als die Brüder einen Spaziergang auf der Promenade machten, sprach Ernst seinen Onkel an und gab sich zu erkennen. Heinrich meinte, er wüsste nichts von Ernsts Versuchen seinen Vater wieder zusehen, er solle ins Hotel zurückgehen und auf weitere Weisungen warten. Erzherzog Ernst stand während der ganzen Unterhaltung daneben und sein Sohn notierte in seinen Memoiren lapidar: »Mein Vater sprach kein Wort.«[162] Ernst ging also ins Hotel und wartete auf Nachricht – kurz darauf kam Sekretär de Leurs mit 2000 Gulden ins Hotel. Seinen Vater durfte er zwar nicht sehen, doch über Vermittlung Heinrichs erhielt er eine Anstellung als Eisenbahnbeamter in Linz. Als Heinrich kurz darauf verstarb, hatte der Erzherzog seinen Protektor verloren und es wurde nun noch schwieriger mit seinem Vater Kontakt aufzunehmen.

So wie seine Schwester las nun auch Ernst immer in den Zeitungen nach, wo sich sein Vater gerade aufhielt und ob sich eventuell eine Gelegenheit ergeben könnte, ihn zu sehen und zu sprechen. In Brixen sollte es schließlich zur ersehnten Zusammenkunft kommen, die allerdings heimlich stattfinden musste, da sein Vater meinte, dass er von Spionen umgeben sei, überwacht werde und äußerst vorsichtig sein müsse, weil er sonst größte Schwierigkeiten bekomme. Ernst erfuhr bei diesem heiß ersehnten und erkämpften Treffen, dass auch sein Vater sehr unter der gewaltsamen Entfremdung seiner Kinder litt. Auch die in die mysteriösen Umstände eingeweihte Tante des Erzherzogs, Prinzessin Montleart, versuchte Ernst Wallburg schließlich zu trösten: »Dein Vater ist in diesem Punkt verschwiegen und verschlossen, sei aber überzeugt, er handelt als Ehrenmann, den ein in der schwächsten Stunde seines Lebens abgegebenes Ehrenwort bindet.«[163]

Ernst, der mittlerweile selbst verheiratet war und fünf Kinder hatte, versuchte sich mehr schlecht als recht durchzuschlagen, arbeitete als Versicherungsvertreter, Omnibusfahrer und Kontrolleur sowie Stallmeister. Noch ein einziges Mal sah er seinen Vater, als dieser kurz vor seinem Tod noch einmal nach Wien kam. Dieses letzte Wiedersehen bestand in einem kurzen Händedruck in der Toreinfahrt in der Mariannengasse auf dem Weg zu einem Besuch, den der Erzherzog bei einer befreundeten Familie machte.

Im Jahre 1899 erkrankte Erzherzog Ernst ernsthaft und Clothilde fuhr nach Arco um den sterbenden Vater noch einmal zu sehen. Doch die anwesende Familie lehnte ab, sie zu ihm zu lassen:

> *Kaltherzig und gefühllos, willfahrte man nicht der Bitte einer Tochter, ihren sterbenden Vater noch einmal im Leben sehen und sprechen zu dürfen, gestattete man nicht was dem Ärmsten nicht verwehrt werden darf, sich dem Schmerzenslager des bereits in Agonie Verfallenen nähern zu dürfen. Als aber Erzherzog Ernst seinen letzten Seufzer ausgehaucht hatte, als die Kamarilla nicht mehr fürchtete, dass sich der Mund dieses edlen Märthyrers je wieder zur drohende Anklage öffnen könne, gestattete man ›gnädigst und huldvollst‹ der Tochter des Entseelten, die sterbliche Hülle des Vaters besuchen und mit dessen Lieblingsblumen schmücken zu dürfen. Eine zum Himmel schreiende »Gnade«!*[164]

Nach dem Tod des Vaters besprachen die Geschwister nun Mittel und Wege zur Geltendmachung ihrer Rechte und einigten sich, offenbar bereits von Rechtsanwälten beraten, die das große Geld witterten, darauf, »nicht eher ruhen zu wollen und nichts unversucht zu lassen bis wir die Anerkennung unserer Legitimität und damit verbundene Rechte durchgesetzt hätten.«[165] So brachten sie ein Majestätsgesuch ein, in dem sie um »Anerkennung, beziehungsweise Verleihung des von ihnen ihrer Behauptung nach auf Grund wissentlich falscher Matrikeneinträge unberechtigt geführten adeligen Namens ›von Wallburg‹ und um Sicherung ihrer Vermögenslage durch Zuwendung eines später abgesondert mit 400 000 fl bezifferten Capitales«[166] baten.

Doch mit dieser Forderung machten sie sich den Wiener Hof zum Feind und unterschätzten sowohl die Macht der

Hofkamarilla als auch die damit verbundenen Konsequenzen. Ernst und Clothilde Wallburg fühlten sich im Recht und meinten, dass sie mit dem Beweis der Trauung ihrer Eltern als legitime Erben anerkannt werden müssten. Damit begannen sie insofern einen doppelt aussichtslosen Kampf, als ihr Vater ja, abgesehen davon, dass er kein Vermögen hinterlassen hatte, als Mitglied des Hauses Habsburg den rechtlichen Bestimmungen des Familienstatuts unterworfen war. Der Beweis einer standesamtlich gültigen Eheschließung war also für Erbansprüche irrelevant, denn solange sie – so wie in Ernsts Fall – ohne Zustimmung des Kaisers erfolgt war, war sie nach dem Familienstatut ungültig, hieß es darin doch ausdrücklich:

> *§ 15 Kein Prinz und keine Prinzessin unsres Kaiserhauses darf eine eheliche Verbindung ohne Einwilligung des jeweiligen Familienoberhauptes eingehen.*
>
> *§ 16 Diese Einwilligung wird durch Ratifizierung des Ehevertrages, oder durch eine andere förmliche Erklärung ertheilt.*
>
> *§ 17 Ein ohne diese Bestätigung abgeschlossener Ehevertrag ist als null und nichtig anzusehen und begründet für die angetraute Person und deren Kinder weder Ansprüche auf Erbfolge, Apanage, Witthum, Aussteuer oder Standes Titel und Wappen der Mitglieder Unseres Hauses noch auf andere rechtliche Folgen einer ehelichen Verbindung.*
>
> *§ 18 In den Fällen, wo über die Giltigkeit oder Ungiltigkeit einer Ehe in dem durchlauchtigsten Erzhause eine Streitfrage entstehen sollte, ist die Entscheidung dem Familien Oberhaupte vorbehalten.*
>
> *§ 19 Ehen zur linken Hand oder sogenannte morganatische Ehen können in Unserem Kaiserhause gleichfalls nur*

> *mit Bewilligung des jedesmaligen Familienoberhauptes giltig geschlossen werden.*[167]

Sogar mit Zustimmung des Kaisers hätte es sich also nur um eine morganatische Ehe handeln können, in der die gemeinsamen Kinder ebenfalls nicht erbberechtigt wären. Da es ja mehrere morganatische Ehen im Hause Habsburg gegeben hatte, war dieser Umstand auch bekannt – man denke nur an Ernsts Bruder Erzherzog Heinrich und Leopoldine Hofmann oder Erzherzog Johann Salvator – nach seinem Austritt aus dem Kaiserhaus Johann Orth – und Milli Stubel.[168]

Dennoch beschlossen die Geschwister Wallburg um ihr Recht zu kämpfen, da sie ein Gesamtvermögen ihres Vaters in der Höhe von 17 154 000 Gulden errechnet hatten. Clothilde gab in ihren Memoiren auch an, dass ihr Vater ihr in einem Brief mitgeteilt hatte, dass er für die Kinder fünf Millionen Gulden bei der Anglo-Bank hinterlegt habe und vermutete daher, dass sie von Erzherzog Rainer deshalb so »unbarmherzig bekämpft« wurden, da er das Vermögen ihres Vaters für sich beanspruchte.

Der Hof konzentrierte sich zunächst vor allem darauf zu argumentieren, dass die Ehe nicht nur ungültig war, sondern niemals geschlossen wurde. Interne Nachforschungen hatten natürlich bald ergeben, dass diese Ehe tatsächlich geschlossen worden war, so hieß es im Akt:

> *... ergibt [es] sich nun als sicher, dass die vorerwähnte kirchliche Eheschließung durch den vorgenannten Feldkaplan thatsächlich stattgefunden hat; doch wäre diese Ehe, abgesehen von ihrer zweifellosen Ungiltigkeit infolge Abganges des in § 19 des Ah Familienstatutes vom 3. Februar 1839 auch für morganatische Ehen im Ah Kaiserhause erforderliche Ah Consenso vom rein kirchlichen Standpunkte nach canonischem Rechte wegen des*

> *Formmangels der Consenserklärung … absolut ungiltig gewesen.*[169]

Sogar die Vaterschaft Ernsts wurde in diesem Bericht eindeutig bestätigt:

> *… so gelangt das Obersthofmarschallamt zur Überzeugung, dass […] thatsächlich Weiland seine k. u. k. Hoheit der durchlauchtigste Herr Erzherzog Ernst der Erzeuger der vier Geschwister von Wallburg gewesen ist, da Weiland der durchlauchtigste Herr Erzherzog Heinrich laut der Taufscheine als Taufpathe aller Kinder genannt ist, da laut eines Berichtes des erzherzoglich Rainerschen Secretärs Hofrathes Dr. Gianellia die durchlauchtigsten Herrn Erzherzoge Leopold, Sigmund, Rainer und Heinrich stets angenommen haben, dass die Geschwister Wallburg uneheliche Kinder des durchlauchtigsten Herrn Erzherzogs Ernst gewesen sind und deshalb für deren Unterhalt und Erziehung Sorge trugen, da der erzherzoglich Rainer'sche Beamte Rudolf Skall in den Jahren 1868 bis 1875 und nach ihm der erzherzogliche Sekretär Eduard von Gall als Vormund dieser Kinder fungierte und da Weiland der durchlauchtigste Herr Erzherzog Ernst sowohl in vorhandenen Briefen wie auch von verschiedenen Personen sich offen als deren Vater bekannt hat.*[170]

Da man trotz allem die Heirat nach geltendem Familienrecht als ungültig ansah, plädierte der Generaldirektor des Privat- und Familienfonds, das Ansuchen um Anerkennung des Namens sowie die Unterstützung von 400 000 Gulden abzulehnen und Franz Joseph notierte handschriftlich auf dem Bericht: »Ich habe den Inhalt dieses Vortrages genehmigend zur Kenntnis genommen und erlasse gleichzeitig das Erforderliche an den Generaldirector Meiner Fonde. Wien 6. Juni 1900 Franz Joseph«[171]

Das Kaiserhaus fühlte sich also im Recht die Heirat zu leugnen, »um auch den Schein einer Anerkennung der Ansprüche verwandtschaftlicher und finanzieller Natur auf Seite Allerhöchst Seiner Majestät zu vermeiden«[172], womit man die Kinder wider besseren Wissens als Betrüger darstellte.

Trotz der Ablehnung ihres Gesuchs wurden die Geschwister Wallburg von gierigen Anwälten, die zusätzlich zu ihrem Gehalt vierzig Prozent Provision kassiert hätten, missbraucht und in ein von Anfang an aussichtsloses Verfahren gehetzt. Als sie im Laufe des langwierigen Gerichtsstreites damit drohten, an die Öffentlichkeit zu gehen, um den Hof unter Druck zu setzten, wurde man in der Hofburg nervös. Minister wurden involviert, umfangreiche Akten angelegt, Stellungnahmen geschrieben und dem Generaldirektor der Allerhöchsten Familienfondcassa Baron Chertek vorgelegt:

> *Nach Einsichtnahme in das Schreiben in welchem Gassner (der Anwalt der Wallburgs) mittheilt, dass Ernst Wallburg gegenwärtig in Budapest domiziliert und, da er ohne Mittel ist, es wahrscheinlich zu Skandalszenen kommen wird, daher der Minister sich für die Angelegenheit Wallburgs interessiren möge, überschicke ich dem Minister das anruhende Exposé über die in der Wallburg'schen Angelegenheit seit der Zurückweisung der von Gassner gestellten Forderungen h.o. getroffenen Verfügungen und eingetretenen Vorfälle.*[173]

Als tatsächlich Artikel und anonyme Broschüren erschienen, in denen das Unrecht, das den Geschwistern Wallburg widerfahren war, geschildert wurde, holte der Hof zum Gegenschlag aus: Sowohl Ernst als auch Clothilde wurden verhaftet und saßen sogar für einige Wochen im Gefängnis, da man ihnen vorwarf, den Trauschein ihrer Eltern, den sie als Beweis vorgelegt hatten, gefälscht zu haben. Clothildes Mann, der als Verfasser einer Enthüllungs-Broschüre vermutet wurde, wurde zwangspensioniert. Nach zehnjährigen Gerichtsstreitigkeiten verloren die verbitterten Geschwister im Jahre 1909 auch noch ihren Namen, da schließlich auch ihre Taufscheine nicht mehr herausgegeben wurden und bei der Neuausstellung »festgestellt« wurde, dass sie unehelich geboren worden waren und daher hinkünftig den Namen der Mutter zu tragen hatten. Schließlich nahm Clothilde nach dem Tod Kaiser Franz Josephs zermürbt eine Zahlung von immerhin 35.000 Kronen sowie eine jährliche Rente von 4.000 Kronen an und zog zu ihrer Tochter nach Triest. Ernst blieb in Budapest, ob er sich ebenfalls finanziell einigte ist nicht bekannt. Er arbeitete einige Zeit als Zahlkellner im Café New York, später als Buchhandlungsreisender und starb 1920.

Diese Beispiele zeigen, dass es erstens sehr wohl von der »Großzügigkeit« der Väter abhing, in welchen finanziellen Umständen die Mütter leben und die Kinder aufwachsen konnten. Die Spanne lag zwischen gerichtlich beschlossenen dreißig Gulden (umgerechnet sechzig Kronen) im Fall der Tochter Erzherzog Leopold Ferdinands und 400 000 Kronen für Louise Robinson und ihre Kinder. Der Wiener Hof, dem für derlei Auslagen ein eigener Fond zu Verfügung stand, ging zwar korrekt, aber streng nach Vorschrift und Statuten vor, vor allem hatten sich die Empfänger bei Zahlungen still, unauffällig und dankbar zu zeigen und mussten sich verpflichten, weder über die Angelegenheit zu sprechen, noch weitere Ansprüche zu stellen. Sobald sie sich jedoch nicht an diese Spielregeln hielten, sich als legitime Kinder betrachteten und Forderungen stellten, bekamen sie die unbarmherzige Macht des Kaiserhauses zu spüren.

»Ein sechs Jahre währender Racheakt«

Louise Prinzessin von Sachsen-Coburg

Auch Louise Coburg, Tochter des belgischen Königs und Schwester der Kronprinzessin Stephanie, sollte die Macht des Kaiserhauses zu spüren bekommen, als sie beschloss, gegen die gesellschaftlichen Spielregeln zu verstoßen. Ihr Verhältnis mit dem kroatischen Grafen Géza Mattachich beziehungsweise die Konsequenzen die die beiden zu tragen hatten, entwickelten sich zu einem europäischen Skandal, der über Jahre auch die internationale Presse und sogar Politik beschäftigen sollte. Louise hatte schon vor Mattachich mehrere diskrete Affären gehabt, unter anderem mit Baron Daniel d'Ablaing van Giessenburg, einem Adjutanten ihres Mannes, und danach mit dessen Nachfolger, Baron Nikolaus Döry de Jobahaza. 1895 lernte sie Mattachich im Wiener Prater kennen. Mattachich war damals als Leutnant des 13. Ulanenregiments auf Urlaub in Wien und verbrachte als ausgezeichneter Reiter seine Zeit in erster Linie damit Pferde zuzureiten. An einem Maimorgen sprang sein Pferd aus der Reithalle auf den Fahrweg und Mattachich stieß beinahe mit einer Kutsche zusammen – in der Louise von Coburg mit ihrer Hofdame Gräfin Sermage saß. »Wie ein elektrischer Schlag kam über mich ein Empfinden, als ob etwas geschehen wäre, ohne dass ich mir darüber klar wurde« schilderte der Graf ihre erste Begegnung in seinen Memoiren.[174] Louise kam nun täglich in den Prater, um den schneidigen Grafen zu sehen. Diese »zufälligen« Begegnungen im Prater sowie auch in der Oper, bei denen sie sich jedoch nur aus der Ferne grüßten, erstreckten sich über mehrere Monate. Im Februar des nächsten

Jahres reiste Louise mit ihrer Tochter Dora nach Abbazia, um ihre Schwester, die damalige Kronprinzessin-Witwe Stephanie, zu besuchen. Als Mattachich davon erfuhr, beschloss er ebenfalls in den noblen Kurort zu reisen, da dort die Chancen, sich nun auch kennenzulernen wesentlich größer waren als in Wien. Tatsächlich wurde Mattachich der Prinzessin auf einem öffentlichen Ball vorgestellt, und sprach sie, nachdem er sie monatelang täglich gesehen hatte, das erste Mal. Doch anders als bei ihren bisherigen Affären verliebt sich Louise. Das war an sich noch nichts Besonderes, so schrieb auch Felix Salten, der damals als Feuilletonist für »Die Zeit« arbeitete, dass darin nichts Außergewöhnliches lag und die Beziehung sogar »... am Anfang nur wenig originell [war]. Denn dass es Prinzessinnen gibt, die ihr Herz an junge Reiteroffiziere hängen, ist weder neu noch fesselnd genug. Es brauchen sogar nicht einmal Offiziere zu sein. Wir haben in diesem Punkt schon manches gehört, und sind so leicht nicht zu verblüffen.«[175] Ungünstigerweise wurde Louise jedoch zu diesem Zeitpunkt vom jüngsten Bruder Kaiser Franz Josephs, Erzherzog Ludwig Viktor – im Familienkreis Luziwuzi genannt – verehrt. Er schickte ihr Blumen und Geschenke, doch Louise beging den schweren Fehler sich über ihren Verehrer lustig zu machen. Der tief gekränkte Erzherzog holte sogleich zum Gegenschlag aus und rächte sich, indem er Louise bei seinem kaiserliche Bruder anschwärzte und behauptete, Louise wäre mit Mattachich öffentlich aufgetreten – was gegen alle Spielregeln verstoßen hätte. Ehefrauen durften zwar ebenso wie ihre Männer Affären haben – aber nur solange sie dies diskret und vor allem nicht in der Öffentlichkeit taten, da ja sonst der Ehemann kompromittiert wäre. Ehemänner durften ihre Affären natürlich mehr oder weniger öffentlich leben – über kompromittierte Ehefrauen machte sich damals niemand Sorgen. Louise wurde jedenfalls tatsächlich zum Kaiser zitiert und versuchte sich gegen die Verleumdungen Ludwig Viktors zu wehren.

Louise Prinzessin von Sachsen-Coburg und Gotha

Doch Franz Joseph war in diesem Fall, da er durch die verwandtschaftlichen Beziehungen um den Ruf der Dynastie besorgt war, unerbittlich und legte ihr nahe, sich für einige Zeit aus der Gesellschaft zurückzuziehen. Man untersagte ihr sogar offiziell, bei Hof zu erscheinen:

> *Madame, das geht mich gar nichts an. Sie haben einen Gatten, und das ist seine Sache und nicht meine. Ich glaube nur, dass Sie gut daran täten, jetzt auf Reisen zu gehen, und ich bedaure, dass Sie verhindert sein werden, zum nächsten Ball bei Hof zu erscheinen.*[176]

In ihrer Not bat Louise ihren Mann, ihren Ruf und ihre Ehre zu retten indem er sich mit Ludwig Viktor duelliere. Philipp Coburg dachte jedoch nicht daran und meinte nur, dass er, wenn sie sich schon die kaiserliche Gnade verscherzt hätte, kein Lust habe, die ihm zugewandte Gunst auch zu verlieren, indem er sich mit dem Bruder des Kaisers duelliere. Louise, die sich von ihrem Mann im Stich gelassen fühlte, verließ ihn und beschloss, sich zu ihrer Liebe zu bekennen und ganz offen zu Mattachich zu stehen. Vor den Augen des Hofes und der Wiener Gesellschaft war das freilich unmöglich und so reiste das Paar zunächst an die Cote d'Azur und von dort weiter nach Paris, wo sie, wie Louise es formulierte, ein »standesgemäßes« Leben führten. Dass sie kein Geld hatten, beunruhigte sie zu diesem Zeitpunkt nicht im Geringsten – sie war ja die Tochter König Leopolds II. von Belgien, der als Eigentümer des Kongo-Freistaates einer der reichsten Monarchen der Welt war – und ging ganz selbstverständlich davon aus, dass ihr Vater ihren Lebensunterhalt bestreiten würde. Das Paar lebte auf Kredit und machte Schulden in Millionenhöhe – angeblich zwölf Millionen Gulden. Doch Louise hatte nicht damit gerechnet, dass sie dafür bitter würde bezahlen müssen, die damals geltenden gesellschaftlichen Spielregeln gebrochen und was für Männer selbstverständlich war, auch für sich in Anspruch genommen zu haben. Franz Joseph, der diesen Skandal nicht tolerieren konnte, informierte Louises Vater, der sich von seiner Tochter distanzierte und sich strikt weigerte, sie finanziell zu unterstützen. Vor allem aber ihr Mann, der nun ernsthaft um »sein« Vermögen fürchtete, brachte sie in ernsthafte Schwierigkeiten. Eine Trennung oder Scheidung hätte für Phillipp Coburg den Verlust ihres belgischen Erbes mit sich gebracht, also wurden größere Geschütze aufgefahren. Zu Coburgs »Ehrenrettung« sollte ein Duell verhelfen, das im Februar 1898 in Gegenwart von Zeugen, die Franz Joseph bestimmt hatte, in Wien in der Manege der Kavalleriekaserne stattfand. Mattachich, der der bessere Schütze war, schoss zweimal in die Luft, während Coburg zweimal auf den Leutnant zielte, ihn aber verfehlte. Daraufhin ging man zu Säbeln über, wobei der Graf wieder danach trachtete den General zu schonen und ihn nur durch einen leichten Hieb an der Hand verletzte. Diese Schmach verstärkte jedoch nur den Hass des Prinzen und er holte schließlich zum vernichtenden Schlag aus. Drei Wochen nach dem Duell wurde Mattachich beschuldigt, zwei Wechsel gefälscht zu haben. Der eine war von Louise unterschrieben, der andere trug jedoch die tatsächlich gefälschte Unterschrift Louises Schwester, Kronprinzessin Stephanies. Niemand zweifelte daran, dass Louise, die ja mittlerweile mittellos dastand, die Unterschrift gefälscht hatte. Was nun folgte, war ein Skandal, der über Jahre hinweg ganz Europa beschäftigte – und zwar nicht nur die Gesellschaftsberichterstatter, sondern auch führende Journalisten – und Juristen.

Louise und ihr Geliebter wurden für vogelfrei erklärt und flohen daraufhin auf Schloss Keglevich in Agram (Zagreb), in dem Mattachichs Mutter mit ihrem zweiten Mann lebte. Mattachich dachte, dass sie hier sicher wären, doch er hatte sich getäuscht. Die beiden wurden quasi belagert, da man jedoch kein allzugroßes

Aufsehen erregen und sie daher nicht im Schloss verhaften wollte, erhielt Mattachich den militärischen Befehl, sich sofort in Agram zu melden – dem konnte er sich nicht widersetzen. Sein Stiefvater wurde zusätzlich unter Druck gesetzt und reiste schließlich mit seiner Frau demonstrativ ab, womit er die beiden de facto auslieferte. Das Paar fuhr also nach Agram, Louise stieg mit ihrer treuen Hofdame Gräfin Fugger im Hotel Bruckner ab, Mattachich bezog die für ihn reservierten Appartements. Dann ging alles sehr schnell. Während Mattachich verhaftet wurde, betraten der Anwalt Philipp Coburgs gefolgt von Polizeiagenten sowie dem Gerichtspsychiater Dr. Hinterstoißer, der ohne Louise zuvor jemals gesehen zu haben ein Gutachten erstellt hatte, mit einer Wärterin der Döblinger Irrenanstalt ihr Hotelzimmer. Ein Extrazug stand am Bahnhof bereit und bereits einige Stunden später fand sich Louise in einer Zelle in der Abteilung für Tobsüchtige im Döblinger Irrenhaus wieder. Franz Joseph schilderte in einem Brief an Katharina Schratt die Angelegenheit nüchtern beziehungsweise eher geschönt:

> *Es ist Alles über Erwarten glatt abgelaufen, wobei der Advokat Bachrach, Dr. Hinterstoißer und die Civil und Militär Behörden in Agram ein großes Verdienst haben. Nachdem Oblt. Mattachich arretirt war, fügte sich die Prinzessin nach eindringlichem Zureden in die Abreise und sie sprach selbst den Wunsch aus, in ein Sanatorium zu kommen.*[177]

Der österreichischen Militärprozessordnung entsprechend wurde der Graf von einem Auditor verhört, der gleichzeitig als Ankläger, Verteidiger und Richter fungierte. Die besagten Wechsel wurden zwar von Coburg bezahlt, Mattachich, der zu den Vorwürfen schwieg, um Louise zu schützen, wurde jedoch trotzdem in Abwesenheit zu sechs Jahren schweren Kerker verurteilt.

Währenddessen diagnostizierte Heinrich Obersteiner in seiner Privatanstalt in Oberdöbling Louises »intellektuelle und moralische Minderwertigkeit«. Kurz darauf wurde sie durch ein Gutachten des eingangs erwähnten Richard von Krafft-Ebing, Professor für Psychiatrie an der Universität Wien, für schwachsinnig erklärt und durch das Obersthofmarschallamt am 3. Juni 1899 unter Kuratel gestellt – also entmündigt – und sollte den Rest ihres Lebens in einer geschlossen Anstalt verbringen. Als Kurator setzte man den Vorsitzenden der Rechtsanwaltskammer Wien, Karl Ritter von Feistmantel, ein. Da man die Prinzessin weder auf österreichischem noch belgischen Boden interniert haben wollte, wurde sie in der Anstalt Lindenhof bei Dresden untergebracht. Dort hatte sie zwar einen eigenen Pavillon, Equipage, Kammerfrauen und Gesellschaftsdamen, diese waren jedoch Polizisten und Bewacher – Louise war »lebendig begraben« und kalt gestellt. Nicht ihr Ehebruch war ihr zum Verhängnis geworden, sondern dass sie gegen die gesellschaftlichen Regeln verstoßen hatte. In ihren Memoiren schrieb sie später:

> *… man verübelte mir, dass ich es wagte, all dieser Erbärmlichkeit entgegenzutreten und den Geist zu zeigen, den die Welt nie verzeiht, den des Kampfes und des Widerstandes. Eine Frau, die sich verteidigt … ich will zugeben, schlecht verteidigt, die unermüdlich, aus Prinzip, für ihre Ehre und für ihr Recht kämpft … eine solche Frau wird verdammt. Sie will gegen die anerkanntesten Autoritäten Recht behalten und provoziert einen Skandal. Sie schreit »Ich bin nicht verrückt!« Sie tobt: »Man hat mich bestohlen und beraubt!« und man sagt: »Oh, sie ist eine Natter, die man zertreten muß!«*[178]

Die Presse war empört und Felix Salten schrieb:

Die Prinzessin Luise hat den Willen geäußert, sich von ihrem Manne scheiden zu lassen, um den weniger hochgestellten, aber mehr geliebten Mattachich zu heiraten. Es heißt, dass der königliche Vater und der prinzliche Gemahl in gleicher Weise darüber entrüstet sind und dass man, um solch ein Beginnen zu vereiteln, die arme Frau in Gewahrsam hält. Nach unseren bürgerlichen Begriffen ist eine Prinzessin, die einen gewöhnlichen Sterblichen ehelichen will, darum noch lange nicht schwachsinnig.[179]

Mattachich saß seine Strafe in Möllersdorf bei Wien ab, verlor seinen Adelstitel und wurde nur durch den intensiven Einsatz der Sozialdemokraten, allen voran der polnische Abgeordnete Ignacy Daszinsky, 1902 aus der Haft entlassen. Man hatte ihm nahe gelegt ein Gnadengesuch zu verfassen, was er jedoch ablehnte, da er ja unschuldig sei. Kurz darauf wurde er auch ohne Gnadengesuch freigelassen und machte nun in der Öffentlichkeit keinen Hehl daraus, dass er zu Unrecht im Gefängnis gewesen sei und seine geliebte Louise, die noch immer im Irrenhaus festgehalten werde, befreien wolle. Sicherheitshalber wurde Louise einem neuerlichen Gutachten unterzogen, das die Rechtmäßigkeit ihrer Internierung bestätigen sollte. Dazu wurden die angesehensten Fachleute herangezogen, die Louise entweder perfekt täuschte, oder die sich dem Druck beugten und zum gewünschten Ergebnis kamen. Die Psychiaterkommission bestand aus Friedrich Jolly, dem Lehrstuhlinhaber für Geisteskrankheiten an der Universität Berlin und Direktor der Psychiatrie und Nervenklinik Charité, dem späteren Nobelpreisträger Julius Wagner-Jauregg, damaligem Lehrstuhlinhaber für Psychiatrie an der Universität Wien und Vorstand der Wiener Psychiatrischen Klinik, dem Direktor der Landesirrenanstalt Sonnenstein-Pirna Medizinalrat Guido Weber, der damals der führende Forensiker Deutschlands war und Leopold Mélis, Oberstabsarzt aus Brüssel. Im abschließenden Gutachten hieß es:

> *Die Art, wie sie sich uns gegenüber über Mattachich aussprach, könnte zwar den Glauben erwecken, daß sie durchaus keine lebhafte Sehnsucht hegt, mit demselben zusammenzutreffen. Auch ergibt sich aus dem Berichte des Dr. Pierson, daß sie sich eher erleichtert fühlte, als ihr nach dem Annäherungsversuche des Mattachichs zunächst das Verlassen der Anstalt untersagt wurde. Wir glauben aber, daß sie so willensschwach ist, daß sie, wenn sie wieder hinauskäme, sich von Mattachich sofort wieder umgarnen lassen würde und zu neuen compromittierenden Schritten veranlasst werden würde … Wir kommen auf Grund des uns vorgelegten Aktenmaterials sowie persönlicher Wahrnehmung zu folgenden Schlüssen:*
>
> 1. *Der bei Ihrer kgl. Hoheit der Frau Prinzessin Louise von Sachsen-Coburg und Gotha konstatierte Zustand von krankhafter Geistesschwäche besteht unverändert fort und macht die hohe Patientin nach wie vor unfähig, ihre Angelegenheiten zu besorgen.*
> 2. *Der dauerhafte Aufenthalt der Prinzessin in der geschlossenen Anstalt ist in Rücksicht auf diesen Krankheitszustand und im Interesse der hohen Patientin unbedingt notwendig.*
> 3. *Wir haben uns überzeugt, dass in der Anstalt des Herrn Sanitätsrates Dr. Pierson alle diejenigen Bedingungen gegeben sind, welche eine möglichst zweckmäßige und schonende Behandlung der Prinzessin gewährleisten.*[180]

Die Öffentlichkeit wurde nun immer aufmerksamer auf das offensichtliche Unrecht, das geschehen war. Karl Kraus kommentierte das Gutachten »Ich weiß jetzt, daß die ›Herabsetzung der intellektuellen und ethischen Funktionen‹ einer Prinzessin öfter infolge der Herabsetzung der intellektuellen als der ethischen Funktionen ihrer Ärzte zustandekommt. Leider.«[181] Und Felix Salten schrieb:

> *War die beleidigte Gattenehre nach Vergeltung erpicht, dann muß man sagen – vier Jahre Zuchthaus für den Geliebten, sechs Jahre Narrenzwang für die Ehebrecherin – die Rache ist eine vollkommene, ja, sie ist eine unerhörte gewesen – Jetzt aber wär's genug … Das ist für uns Österreicher, die wir keine Ursache haben, die koburgische Zeche zu bezahlen, weitaus wichtiger, als dass ein Prinz, der uns nichts angeht, seine Genugtuung, ein königlicher Baier, der uns gleichgültig ist, seinen Willen hat.*[182]

Doch es sollten noch zwei Jahre vergehen, bis Louise befreit werden konnte – zwei Jahre in denen Louise ihren Aufsehern keinerlei Anlass bot zu vermuten, sie wäre noch an Mattachich interessiert oder denke gar an Flucht, sodass ihr immer größere Zugeständnisse gemacht wurden, die das Paar, als es seine Chance gekommen sah, nutzte. Über Umwege war es Mattachich gelungen mit Louise Kontakt aufzunehmen und ihre Flucht vorzubereiten. Louise, die ihre Rolle mittlerweile offenbar gut beherrschte und keinerlei Argwohn bei ihren »Betreuern« aufkommen ließ, erreichte schließlich einen Kuraufenthalt in Bad Elster, wo sie nicht so streng bewacht war und eine Flucht möglich schien. Mit Unterstützung einiger Helfer gelang Louise schließlich im Herbst 1904 ihre abenteuerliche Flucht aus ihrer Gefangenschaft. Selbstverständlich wurde ihre Flucht in der Presse kommentiert:

> *Es gibt wohl nur sehr wenige Menschen, denen die Flucht der Prinzessin Luise verdrießlich erscheint. Sie lassen sich an den Fingern einer Hand herzählen: der populäre Regierungsrat*

> *Bachrach, der sächsische Irrenarzt Dr. Pierson, das längst schon allgemein beliebte Fräulein v. Gebauer (Louises Wärterin), Prinz Philipp von Koburg und Leopold, der König. Fertig. So ist dieses Abenteuer geglückt. Und so hat Luise von Koburg bewiesen, dass sie gegen ihren Willen, zwangsweise und mit Unrecht gefangen gehalten wurde, dass ihr die Sehnsucht nach der Freiheit über alles ging … Und da wird man denn endlich erkennen, dass es nichts anderes war als eine sechs Jahre andauernde prinzliche Gewalttat, ein sechs Jahre währender Racheakt … Wenn ein paar Grafen so nett sind, Leute niederzuschießen, dann mag man sie immerhin einer mit modernem Komfort ausgestatteten Heilanstalt anvertrauen, das wird jeder einsehen … Will aber eine Prinzessin einen niedriger gebornen Liebhaber heiraten, na, dann mag sie doch. Die Welt geht deswegen nicht unter, die Prinzen sterben nicht aus, und in drei Wochen spricht kein Mensch mehr davon.*[183]

Das Paar floh nach Paris, Louises Ehe mit Philipp Coburg wurde geschieden. Louise war nun frei, fand sich jedoch völlig mittellos wieder, ihre Eltern hatten sie verstoßen und enterbt, ihr Vater hatte ihr sogar verboten jemals wieder nach Belgien zu reisen. Nach dem Tod des Vaters versuchte sie vergeblich ihren Erbteil einzuklagen. Doch ihre finanziellen Schwierigkeiten waren nicht die einzigen Probleme in ihrem weiteren abenteuerlichen, rast- und glücklosen Leben. Während des Ersten Weltkriegs wurde das Paar wegen angeblicher Spionage verhaftet und in Ungarn interniert, nach dem Krieg trafen sie sich wieder in Wien, wo sie einige Zeit in Wien im Parkhotel Hietzing lebten und weiterhin Schulden machten, bis man sie hinauswarf. Daraufhin gingen sie nach Paris, wo Mattachich 1923 starb. Louise reiste nun durch Deutschland bis sie 1924 völlig veramt in Wiesbaden starb.

»Ein wenig irrsinnig«

Sophie Herzogin von Alençon

Louise Coburg war nicht die einzige, die ihre Liebe mit der Gefangenschaft im Irrenhaus büßen musste. Ähnlich erging es einige Jahre zuvor auch einer Schwester Kaiserin Elisabeths, Sophie Alençon, die sich 1886 in den Gynäkologen Dr. Glaser verliebte. Auch sie begnügte sich nicht mit einer von allen Seiten tolerierten diskreten Affäre, sondern kündigte selbstbewusst an, sich von ihrem Mann, Ferdinand Herzog von Alençon, scheiden zu lassen um Glaser zu heiraten. Die Ehefrau Glasers machte die Pläne jedoch publik und sorgte damit für einen handfesten Skandal. Sophie wollte daraufhin mit ihrem Geliebten Anfang Juni 1887 in die Schweiz fliehen – in Meran wurden die beiden jedoch gefasst und Sophie in das Sanatorium Richard von Krafft-Ebings, der als Spezialist für Sexualpathologie galt, nach Maria Grün bei Graz gebracht. Mit welchem Unverständnis man der Herzogin innerhalb der eigenen Familie begegnete, machen die Tagebuchaufzeichnungen der jüngsten Tochter Kaiserin Elisabeths, Erzherzogin Marie Valeries, deutlich:

> *Tante Sophie will sich scheiden lassen, um, wie sie sagt, Dr. Glasers rechtmäßige Frau werden. Onkel Alençon soll sich wie ein Heiliger benehmen, immer begegnet er ihrem förmlichen Hass mit liebender Milde, Güte, Besänftigung. Luise [Sophies Tochter] soll, als man ihr sagte, dass Tante ein wenig irrsinnig sei, geantwortet haben »Ja, das muss*

> *und will ich glauben, denn sonst hätte ich keine Mutter mehr!«*[184]

Nicht einmal Sophies Schwester Kaiserin Elisabeth, hielt zu ihrer Schwester, sondern stellte sich eindeutig auf die Seite des verlassenen Ehemannes. In ihrem Gedicht »An Sophia«[185] schrieb sie:

Deinem guten Herrn Gemahl
Hast die Treue du gekündigt,
Stießest ihm ins Herz den Stahl;
Ja, du hast dich schwer versündigt.

Die Frau Doctor mit Geschrei
Ringt verzweifelt ihre Hände,
Reklamiert schon Polizei,
Scheidung gibt's wohl hier am Ende.

Nun heißt es, die freie Schweiz
Sucht ihr flüchtend zu ereilen,
Um in landschaftlichem Reiz
Euer sündhaft Glück zu teilen.

»Glück und Glas, wie bald bricht das!« –
Trotz dem schönsten Hoffnungsscheine;
Wehe dem, der dies vergaß;
Und vom Glaser kommt das deine.

Wenig später, am 13. Juni 1887, schilderte Marie Valerie den Besuch des Bruders ihrer Mutter Carl Theodor, in der Familie »Gackel« genannt, der in die Kaiservilla in Bad Ischl gekommen war:

> *Der Zweck ihres Herkommens war, Papa zu melden, dass die unglückliche Tante Sophie von verschiedenen Ärzten für krank und unzurechnungsfähig erklärt worden ist / denn ganz wahnsinnig kann man doch nicht sagen / und für*

einige Zeit in der Villa eines berühmten Grazer Irrenarztes gebracht wurde, wo man hofft, dass Ruhe und Einsamkeit ihre Nerven beruhigen werden. Onkel Gackel hält diesen schrecklichen Zustand für eine Folge des Scharlachs. Tante Sophie's Hass gegen ihren Mann und besonders gegen die arme Luise soll so groß sein, dass sie selbst um den Preis einer Art Gefangenschaft sich gern von ihm getrennt hat! … Onkel Alençon bewundernswürdig … aber auf Momente lässt seine Kraft nach, dass er weint und schluchzt. Mama fürchtet, dass Tante Sophie versuchen wird, sich umzubringen, wenn sie sieht, dass eine Flucht unmöglich ist, doch versichert Onkel Gackel, dass man nichts bessres hätte tun können und hofft, dass sie in der Ruhe und Abgeschiedenheit des Aufenthalts in Krafft-Ebings Villa zu sich kommen wird.[186]

Elisabeth schrieb:

Du bist im Irrenhaus, du bist gefangen,
Ein Opfer deiner tollen Leidenschaft;
Es bricht mein Herz, denk' ich der wilden, bangen
Verzweiflung, die dich packt in deiner Haft.

Du wolltest Mann und Kinder schnöd' verlassen,
Mit dem Verführer in die Weite zieh'n;
Doch muss dein sündhaft Hoffen nun erblassen,
Wo du jetzt weilst, gelingt kein Entflieh'n!

Fürwahr es kennt dein Unglück keine Grenzen,
Und namenlos sind deine Schmach und Schand;
Entsetzt hat sich vor deinen vierzig Lenzen
Auch selbst die Poesie dir abgewandt.[187]

Nach fünf Monaten galt Sophie als geheilt und durfte das Sanatorium verlassen – ihre Scheidungspläne gehörten der Vergangenheit an. Marie Valerie schrieb in ihrem Tagebuch anlässlich eines Treffens im Jänner 1888: »Ganz und gar die Tante Sophie von ehemals, nur wennmöglich verjüngt … blühend … ruhige Heiterkeit, von Aufgeregtheit keine Spur, von Scham … absolutes Rätsel.«[188]

Anhang

Unterhalts- und Erbrecht unehelicher Kinder zur Zeit der k. u. k. Monarchie

Hofdekret 1783

Ein Meilenstein in der Geschichte der rechtlichen Stellung unehelicher Kinder war das Hofdekret Josephs II. vom 24. Juli 1783, in dem erstmals gefordert wurde, dass uneheliche ehelichen Kindern gleichgestellt werden sollten. Nach seinem Tod wurden allerdings die unter Einfluss der Aufklärungsphilosophie entstandenen Neuerungen zugunsten unehelicher Kinder durch das Patent Leopolds II. wieder aufgehoben.

Die Novelle 1811

Auch das Allgemeine Bürgerliche Gesetzbuch (ABGB) vom 1. Juni 1811 brachte keine wesentlichen Neuerungen. Es blieb großteils beim alten Prinzip der Ausgeschlossenheit des unehelichen Kindes von allen Rechten, die auf dem Familienverband und der Verwandtschaft beruhten. Uneheliche Kinder hatten nur einen Unterhaltsanspruch gegenüber ihren Eltern. Die primäre Unterhaltspflicht hatte der Vater zu tragen, »weil er gewöhnlich der Verführer, daher der Haupturheber der Erzeugung, dann weil er zugleich gewöhnlich vermögender, oder doch fähiger zum Erwerbe ist«.[189] Interessant ist, dass die Unterhaltspflicht nicht im Verwandtschaftsverhältnis bestand, sondern die Entstehung des unehelichen Kindes als ein Delikt und den Unterhaltsanspruch als Schadensersatz erklärte. Derjenige, der eine Frau verführte und mit ihr ein Kind zeugte, hatte die Kosten der Entbindung und des Wochenbetts zu zahlen sowie die Unterhaltspflicht zu erfüllen. Großeltern waren im Gegensatz zu ehelichen Kindern nicht unterhaltspflichtig, da sie »nicht so, wie im Falle der Verehelichung der Kinder, in die Erzeugung gewilligt haben, und weil hierdurch die ausschweifende Lebensart der Kinder begünstigt würde.«[190] In den Beratungsprotokollen für diesen Paragrafen ist nachzulesen, dass man zu diesem Entschluss kam, da »sonst für die Söhne Anlockung bestände, auf Kosten der Väter auszuschweifen, und weil den Vätern aus einer ihnen ganz fremden Handlung, die sie schon im voraus missbilligt hätten, keine Verbindlichkeit auferlegt werden könne«[191].

Weiters wurden uneheliche Kinder von Familien- und Verwandtschaftsrechten ausgeschlossen, das heißt sie erhielten weder den Namen des Vaters, noch hatten sie gegebenenfalls Anspruch auf Adel, Wappen oder andere Standesvorzüge und hatten auch keinerlei Erbanspruch. Eine Ausnahme wurde jedoch bei legitimierten Kindern gemacht, die den ehelichen rechtlich beinahe gleichgestellt waren.

Gemäß ABGB § 166 hatte ein uneheliches Kind das Recht von seinen Eltern eine ihrem Vermögen angemessene Verpflegung, Erziehung und Versorgung zu fordern.

Die Pflicht zur Alimentation gemäß § 167 traf ein Kind, wenn ihm ausreichende Mittel zur Verfügung standen – der Vater war subsidiär zur Übernahme der Unterhaltskosten verpflichtet. Das heißt, dass nur im Fall, dass das Kind kein hinreichendes Vermögen besaß, die Eltern, und hier in erster Linie der Vater, verpflichtet waren, ihm die Verpflegung zu sichern, nicht jedoch die Großeltern. Die Höhe des Unterhalts musste angemessen sein, wobei auf das Vermögen beider Eltern Rücksicht genommen wurde.

Die Verbindlichkeit, uneheliche Kinder zu verpflegen und zu versorgen, geht gemäß § 171 gleich einer anderen Schuld auf die Erben über. Da die Verpflegung und der Unterhalt aus dem

Vermögen des Vaters, aushilfsweise dem der Mutter, bestritten werden musste, ruhte diese Verbindlichkeit nicht auf der Person der Eltern, sondern auf dem Vermögen. Starb nun der Erblasser, war er nicht befreit, sondern das Nachlassvermögen wurde mit dem Unterhaltsanspruch belastet. Die Erben mussten daher diesen Anspruch befriedigen.

Die Novelle 1914

Erst die 1. Teilnovelle zum ABGB vom 12. Oktober 1914 brachte Veränderungen. So führte diese zu einem gesetzlichen Erbrecht nach der mütterlichen Familie, zur Sicherung der Alimente für Mutter und Kind, zur Aufhebung des Adoptionsverbotes und zur Unterhaltspflicht der mütterlichen Großeltern.

Gesetzliche Regelung des Schwangerschaftsabbruchs

Abtreibung war von 1803 bis 1975 (mit einer Ausnahme in den Jahren zwischen 1938 und 1945) in § 144 des StGB (Strafgesetzbuch) geregelt. Es definierte Abtreibung als Verbrechen und sah Kerkerstrafen von sechs Monaten bis zu einem Jahr für versuchte und von einem Jahr bis zu fünf Jahren für vorgenommene Abtreibungen vor. Bei gewerbsmäßiger Abtreibung waren Strafen zwischen fünf und zehn Jahren vorgesehen.

Währungsumrechnung

Ab 1892 wurden in der k. u. k. Monarchie als Zahlungsmittel statt Gulden Kronen eingeführt, 1 Gulden (fl) entsprach 2 Kronen (K). Ab 1900 waren nur mehr Kronen gültig. 1 Gulden entsprach zirka 8,8 Euro.[192]

Quellen und Literatur

Quellen

Österreichisches Staatsarchiv, Haus-, Hof- und Staatsarchiv: Informationsbüro, Serie b Konfidentenberichte

Ah. Privat- und Familienfonde, Reservatakten

Szimic, Clothilde geborene Wallburg, unveröffentlichte Memoiren, Privatbesitz

Hufnagel, Marianne (geborene Scherer): Lebenserinnerungen, unveröffentlichtes Manuskript. Teil 1: Lebenslauf nach der Erinnerung von meiner Mutter, Agnes Binder geb. Scherer. Teil 2: Alles was ich von meinem Vater und seiner Familie weiß. Teil 3: Erinnerungen über Berichtetes und Erlebtes, Privatbesitz

Literatur

Berzkovics, Simone: Die Rechtsstellung unehelicher Kinder im ABGB von 1812 bis in die Gegenwart, Wien 2006

Bourgoing, Jean: Briefe Kaiser Franz Josephs an Frau Katharina Schratt, Wien 1949

Ehrlich, Anna: Auf den Spuren der Josefine Mutzenbacher, Wien 2005

Faber, Elfriede-Maria (Hg.): Mizzi Zimmermann, Gustav Klimt und die Josefstadt, Wien 2007

Fontane, Theodor: Effi Briest, Berlin 1995

Forel, August: Die sexuelle Frage. Eine naturwissenschaftliche, psychologische, hygienische und soziologische Studie für Gebildete, München 1909 (8. und 9. Auflage) Erste Ausgabe 1904

Friedländer, Otto: Letzter Glanz der Märchenstadt. Wien um 1900. Wien 2002

Gay, Peter: Das Zeitalter des Doktor Arthur Schnitzler. Innenansichten des 19. Jahrhunderts, Frankfurt am Main 2002

Grieser, Dietmar: Das späte Glück. Große Lieben großer Künstler, Wien 2003

Grießler, Erich: »Policy Learning« im österreichischen Abtreibungskonflikt, Wien 2006

Hilmes, Oliver: Witwe im Wahn. Das Leben der Alma Mahler Werfel, München 2004

Hopf, Gudrun: Ledige Mütter – uneheliche Kinder, Wien 1994

Hübsch, Ludwig (Hrsg.): Das Liebesleben der Habsburger, Wien 1922

Keitel, Walter und Nürnberger, Helmuth (Hrsg.): Theodor Fontane. Werke, Schriften und Briefe, München 1982

Kisch, Egon Erwin: Marktplatz der Sensationen, Wien 1947

Kisch, Egon Heinrich: Die sexuelle Untreue der Frau. Erster Teil, Die Ehebrecherin, Bonn 1917

Klastersky, Cissy: Der alte Kaiser wie nur einer ihn sah. Der wahrheitsgetreue Bericht seines Leibkammerdieners Eugen Ketterl, Wien 1929

Krafft-Ebing, Richard: Psychopathia Sexualis, 1886 zitiert nach Gay, Peter: Das Zeitalter des Doktor Arthur Schnitzler, Frankfurt am Main 2002

Kraus, Karl: Sittlichkeit und Kriminalität, Wien 1923

Mahler-Werfel, Alma: Mein Leben, Frankfurt am Main 1990

Markus, Georg: Unter uns gesagt. Begegnungen mit Zeitzeugen, Wien-München 2008

Mattl, Siegfried und Werner Michael Schwarz (Hrsg.): Wiener Persönlichkeiten. Band V. Anl. Ausstellung im Jüdischen Museum der Stadt Wien 2006/2007

Nahowski, Anna: Anna Nahowski und Kaiser Franz Joseph. Aufzeichnungen, Wien 1986

Nebehay, Christian M.: Gustav Klimt. Von der Zeichnung zum Bild. Wien 1992

Retcliffe, John (Goedesche Hermann): Sebastopol. Historisch-politischer Roman aus der Gegenwart, Englische und deutsche Original-Ausgabe, 4 Bände, Band 1, Berlin, 1856

Riese, Katharina: In wessen Garten wächst die Leibesfrucht?, Wien 1983

Sachsen-Coburg-Gotha, Louise: Throne die ich stürzen sah, Wien 1927

Salten, Felix: Wiener Adel, Wien 1984

Schad, Martha und Horst (Hrsg.): Marie Valerie von Österreich. Das Tagebuch der Lieblingstochter von Kaiserin Elisabeth, München 2006

Schnitzler, Arthur: Der Weg ins Freie, Frankfurt am Main 1990

Schnitzler, Arthur: Frau Berta Garlan, Stuttgart 2006

Schnitzler, Arthur: Therese. Chronik eines Frauenlebens, München 2004

Schnitzler, Arthur: Jugend in Wien, Frankfurt am Main 2003

Springer, Jenny: Die Ärztin im Hause, II. Band, Dresden 1929, 22. Auflage

Wallburg, Ernst: Ein Justizmord! Enthüllungen des Erzherzog-Sohnes Ernst Baron Wallburg über die morganatische Ehe seines Vaters Erzherzog Ernst geschrieben von ihm selbst, Wien-Budapest 1904

Wiesflecker, Peter: Studien zur habsburgischen Heirats- und Familienpolitik im Zeitalter Kaiser Franz Josephs I. Austritte aus dem Kaiserhaus und Ehen mit Bürgerlichen, Wien 1989

Winckel, Ritter von, Franz: Die kriminelle Fruchtabtreibung. Eine Studie für Mediziner; Juristen und Laienrichter, Berlin 1911

Wölfling, Leopold: Als ich Erzherzog war, Berlin 1935

Wölfling, Leopold: Habsburger unter sich: Freimütige Aufzeichnungen eines ehemaligen Erzherzogs, Berlin 1921

Zweig, Stefan: Die Welt von Gestern. Erinnerungen eines Europäers, Frankfurt 1970

Zeitschriften:

Die Zeit: Jahrgänge 1904–1906

Danksagung

Für die wissenschaftliche Beratung danken wir:
Dr. jur. Teresa Frizberg, Dr. med. Silke Leidl

Für Ihre wertvolle Unterstützung danken wir:
Jennifer Lechner, Mag. Gabriele Reinharter-Schrammel, Helga Staffler, Hilda Staffler, Mag. Thomas Just, Cajetan Gril und Ignatz Pirnstingl

Anmerkungen

[1] Krafft-Ebing, Richard: Psychopathia Sexualis, 1886 zitiert nach: Gay, Peter: Das Zeitalter des Doktor Arthur Schnitzler, Frankfurt am Main 2002, S. 52.

[2] Zweig, Stephan: Die Welt von Gestern. Erinnerungen eines Europäers, Frankfurt 1970, S. 88.

[3] Friedländer, Otto: Letzter Glanz der Märchenstadt. Wien um 1900, Wien 2002, S. 268.

[4] Ebenda, S. 268 f.

[5] Ebenda, S. 208.

[6] Zweig, Stefan: Die Welt von Gestern, Frankfurt 1970, S. 88.

[7] Forel, August: Die sexuelle Frage. Eine naturwissenschaftliche, psychologische, hygienische und soziologische Studie für Gebildete, München 1909 (8. und 9. Auflage) Erste Ausgabe 1904, S. 335.

[8] Ehrlich, Anna: Auf den Spuren der Josefine Mutzenbacher, Wien 2005, S. 198.

[9] Springer, Jenny: Die Ärztin im Hause, II. Band, Dresden 1929, 22. Auflage, (Erstausgabe 1910), S. 906.

[10] Fontane, Theodor: Effi Briest, Berlin 1995, S. 112.

[11] Gay, Peter: Das Zeitalter des Doktor Arthur Schnitzler. Innenansichten des 19. Jahrhunderts, Frankfurt am Main 2002, S. 93.

[12] Schnitzler, Arthur: Jugend in Wien, Frankfurt am Main 2003, S. 301.

[13] Ebenda.

[14] Schnitzler, Arthur: Der Weg ins Freie, Frankfurt am Main 1990, S. 54.

[15] Kisch, Egon Heinrich: Die sexuelle Untreue der Frau. Erster Teil, Die Ehebrecherin. S. 159.

[16] Ebenda, S. 4.

[17] Ebenda.

[18] Zitiert nach Gay, S. 77.

[19] Zitiert nach Gay, S. 82f.

[20] Forel, August: Die sexuelle Frage. S. 484.

[21] Springer, Jenny: Die Ärztin im Hause. S. 900.

[22] Forel, August: Die sexuelle Frage. S. 483

[23] Die (oder auch das) Guttapercha (malaiisch: getah »Gummi«, percha »Baum«) ist der eingetrocknete Milchsaft des im malaiischen Raum heimischen Guttaperchabaumes (Palaquium gutta). Guttapercha steht chemisch dem Kautschuk nahe.

[24] Forel, August: Die sexuelle Frage. S. 484.

[25] Ebenda, S. 486.

[26] Ebenda.

[27] Ehrlich, Anna: Auf den Spuren der Josephine Mutzenbacher. S. 200.

[28] Forel, August: Die sexuelle Frage. S. 488.

[29] Schnitzler, Arthur: Der Weg ins Freie. S. 156f.

[30] Mattl, Siegfried und Werner Michael Schwarz (Hrsg.): Felix Salten. Schriftsteller – Journalist – Exilant. In: Band V. Wiener Persönlichkeiten. Anl. Ausstellung im Jüdischen Museum der Stadt Wien 2006/2007. S. 36.

31 Zitiert nach: Mattl, Siegfried und Werner Michael Schwarz (Hrsg.): Felix Salten. S. 37.

32 Laut mündlicher Aussage eines Nachkommens, den Autorinnen persönlich bekannt.

33 Korrespondenz zwischen Felix Salten und Elisabeth Kotter, Privatbesitz.

34 Die große Anzahl seiner gesunden Kinder sowie die Tatsache, dass alle seine Geliebten gesund ein hohes Alter erreichten, spricht gegen eine kolportierte Syphiliserkrankung Klimts. Siehe auch Sabine Fellner, Katrin Unterreiner, Morphium, Cannabis und Cocain, Medizin und Rezepte des Kaiserhauses, Wien 2008. S. 41ff.

35 Christian M. Nebehay, Gustav Klimt. Von der Zeichnung zum Bild. Wien 1992.

36 Zit. Nach: Elfriede-Maria Faber (Hg.): Maria Zimmermann, Gustav Klimt und die Josefstadt. Katalog Nr. 16, Bezirksmuseum Josefstadt, Wien 2008, Gespräch der Urenkelin mit ihrer 95-jährigen Urgroßmutter Mizzi Zimmermann aufgenommen 1974. CD

37 Zit nach: Ebenda, S. 12.

38 Vgl. dazu Nebehay, S. 264ff.

39 Zit. nach: Elfriede-Maria Faber S. 9f.

40 Zit. nach: ebenda, S. 14f.

41 Zit. nach: ebenda, S. 16ff.

42 Ebenda, S. 23.

43 Zit. nach: ebenda, S. 20f.

44 Zit. nach: ebenda, S. 19.

45 Zit. nach: ebenda, S. 20.

46 Dietmar Grieser, Das späte Glück. Große Lieben großer Künstler, Wien 2003, S 185f

47 Zit. nach: Elfriede-Maria Faber, S. 21 f.

48 Nebehay, S. 268.

49 Nebehay, S. 278, Ab 1892 wurden statt Gulden Kronen eingeführt. 1 Gulden entsprach 2 Kronen. Ab 1900 waren nur mehr Kronen gültig.

50 Vgl. dazu Erik Eybl: Von der Eule zum Euro – Nicht nur eine österreichische Geldgeschichte, Klagenfurt 2005.

51 Nebehay, S. 268.

52 Nebehay, S. 268.

53 Siehe Anm. 37.

54 Georg Markus, Unter uns gesagt, Begegnungen mit Zeitzeugen. Wien 2008

55 Kratochwill, Anton Rudolph: Die Armenpflege der k. k. Haupt- und Residenzstadt Wien, verbunden mit einer besonderen Abhandlung über die Zuständigkeit oder das Heimatrecht, Wien 1846, S. 117.

56 Zitiert nach Pawlowsky, Verena: Mutter ledig – Vater Staat. Das Gebär- und Findelhaus in Wien 1784–1910, Innsbruck 2001, S. 89.

57 Ebenda.

58 Ebenda, S. 93.

59 Zitiert nach ebenda S. 94.

60 Zitiert nach ebenda, S. 97.

61 Ebenda, S. 98.

62 Extrablatt 1 1872 , Nr. 74.

63 Pawlowsky, Verena: Mutter ledig – Vater Staat. S. 151ff.

64 Ebenda, S. 260.

65 Ebenda.

66 Springer, Jenny: Die Ärztin im Hause. S. 1120.

67 Österreichische Dienstbotenzeitung, Nr. 33, 1911, S. 2.

68 Hufnagel (geborene Scherer), Marianne: Lebenserinnerungen. Teil 1, Lebenslauf nach der Erinnerung von meiner Mutter, Agnes Binder geb. Scherer. Privatbesitz, S. 1.

69 Ebenda, Teil 1, S. 2.

70 Ebenda, Teil 1, S. 9.

71 Ebenda.

72 Ebenda, Teil 1, S. 9ff.

73 Ebenda.

74 Ebenda, Teil 1, S. 10.

75 Retcliffe, John (Goedesche Hermann): Sebastopol. Historisch-poli-

tischer Roman aus der Gegenwart, Englische und deutsche Original-Ausgabe, 4 Bände, Band 1, Berlin, 1856. S. 250–259 online einsehbar unter: http://www.zeno.org/Literatur/M/Goedsche,+Herrmann/Roman/Sebastopol/1.+Theil%3A+Seine+und+Bosporus/Guckkastenbilder/1.+Berlin, zuletzt geprüft am 30.04.2010

76 Hufnagel (geborene Scherer), Marianne: Lebenserinnerungen. Teil 1, S. 11.

77 Ebenda.

78 Ebenda, S. 14.

79 Ebenda, S. 15.

80 Hufnagel (geborene Scherer), Marianne: Lebenserinnerungen. Teil 2, Alles was ich von meinem Vater und seiner Familie weiß. S. 1.

81 Ebenda.

82 Hufnagel, Marianne: Lebenserinnerungen. Teil 1, S. 47.

83 Hufnagel, Marianne: Lebenserinnerungen. Teil 3, Erinnerungen über Berichtetes und Erlebtes, S. 1.

84 Hufnagel, Marianne: Lebenserinnerungen. Teil 1, S. 46.

85 Hufnagel, Marianne: Lebenserinnerungen. Teil 3, S. 1.

86 Ebenda, S. 3.

87 Ebenda, Teil 3, S. 7.

88 Hufnagel, Marianne: Lebenserinnerungen. Teil 2, S. 10.

89 Kopie des Originalbriefes, Hufnagel, Marianne: Lebenserinnerungen. Teil 2, S. 38.

90 Schnitzler, Arthur: Jugend, S. 299f.

91 Zitiert nach: Hilmes, Oliver: Witwe im Wahn. Das Leben der Alma Mahler Werfel, München 2004, S. 176.

92 Mahler-Werfel, Alma: Mein Leben, Frankfurt am Main 1990 S. 87.

93 Ebenda.

94 Hilmes, Oliver: Witwe im Wahn. S. 178.

95 Mahler-Werfel, Alma: Mein Leben. S. 90.

96 Ebenda, S. 92.

97 Ebenda, S. 179.

98 Ebenda, S. 97.

99 Ebenda, S. 127.

100 Zitiert nach Hilmes, S. 188.

101 Schnitzler, Arthur: Frau Berta Garlan, Reclams Universal-Bibliothek Nr. 18427, Stuttgart 2006, S. 165.

102 Schnitzler, Arthur: Therese. Chronik eines Frauenlebens, München 2004, S. 96, 99.

103 Winckel Ritter von, Franz: Die kriminelle Fruchtabtreibung. Eine Studie für Mediziner; Juristen und Laienrichter, Berlin 1911, S. 20ff.

104 Riese, Katharina: In wessen Garten wächst die Leibesfrucht? Wien 1983, S. 90 f.

105 Ebenda, S. 112.

106 Holler, Gerd: Sophie. Die heimliche Kaiserin, Wien 1993, S. 9.

107 Das Ehedrama der sächsischen Kronprinzessin und der Liebesroman des Erzherzog Leopold Ferdinands, in: Innsbrucker Nachrichten, 27. Dezember 1902.

108 Ebenda.

109 Ebenda.

110 Vierhaus, Rudolf (Hg.): Das Tagebuch der Baronin Spitzemberg, geb. Freiin v. Varnbüler. Aufzeichnungen aus der Hofgesellschaft des Hohenzollernreiches, Göttingen 1960, S. 424.

111 Stadtlaender, Chris: Habsburg intim, Wien 1998, S. 128.

112 Haus-, Hof- und Staatsarchiv (HHStA), Familienurkunden Nr. 2362.

113 HHStA, Informationsbüro, Serie b Konfidentenberichte, Erzherzog Eugen.

114 HHStA, Informationsbüro, Serie b Konfidentenberichte, Erzherzog Otto, 17.12.1892.

115 Wölfling, Leopold: Als ich Erzherzog war, Berlin 1935, S. 147.

116 Klastersky, Cissy: Der alte Kaiser wie nur einer ihn sah. Der wahrheitsge-

treue Bericht seines Leibkammerdieners Eugen Ketterl, Wien 1929, S. 53.

117 Hübsch, Ludwig (Hrsg.): Das Liebesleben der Habsburger, Wien 1922, S. 113.

118 Kinsky-Pálmay, Ilka Gräfin: Meine Erinnerungen, 1911, S. 162.

119 HHStA, Informationsbüro, Serie b Konfidentenberichte, Erzherzog Otto, 17.12.1892.

120 Bourgoing, Jean: Briefe Kaiser Franz Josephs an Frau Katharina Schratt, Wien 1949, S. 264, 14.12.1895.

121 HHStA, Informationsbüro, Serie b Konfidentenberichte, Erzherzog Otto, 27.1.1892.

122 Kielmansegg, Erich: Kaiserhaus, Staatsmänner und Politiker. Aufzeichnungen des k. k. Statthalters Erich Graf Kielmansegg, Wien 1966, S. 141.

123 Bourgoing, Jean: Briefe Kaiser Franz Josephs an Frau Katharina Schratt. S. 276, 26. Juni 1896.

124 HHStA, Informationsbüro, Serie b Konfidentenberichte, Erzherzog Otto, 13.12.1893.

125 HHStA, Informationsbüro, Serie b Konfidentenberichte, Erzherzog Otto, beigelegter Artikel der Böhmischen Zeitung vom 27.12.f1893.

126 An dieser Stelle sei Dr. med. Silke Leidl für ihre medizinischen Erklärungen gedankt.

127 HHStA, Ah. Privat- und Familienfonde, Reservatakten, Karton 5, 1906 No 4408.

128 Ebenda.

129 Ebenda.

130 HHStA, Informationsbüro, Serie b Konfidentenberichte, Erzherzog Wilhelm, 11.4.1870.

131 Kisch, Egon Erwin: Marktplatz der Sensationen, Wien 1947, S. 76.

132 Fontane, Theodor: Werke, Schriften und Briefe, hrsg. von Walter Keitel und Helmuth Nürnberger, München 1982, Bd. 4, Briefe, S. 260.

133 HHStA, Ah. Privat- und Familienfonde, Reservatakten, Karton 5, 1905.

134 HHStA, Informationsbüro, Serie b Konfidentenberichte, Kronprinz Erzherzog Rudolf, 15.1. 1879.

135 Ebenda, 16.1. 1879.

136 Ebenda, 7.11. 1879.

137 Ebenda, 25.11. 1888

138 Nahowski, Anna: Anna Nahowski und Kaiser Franz Joseph. Aufzeichnungen, Wien 1986, S. 57.

139 Ebenda, S. 91.

140 Ebenda, S. 144.

141 Bourgoing, Jean: Briefe Kaiser Franz Josephs an Frau Katharina Schratt, Wien 1949, S. 132

142 Ebenda, S. 194

143 Ebenda, S. 241

144 Ebenda, S. 248

145 Klastersky, Cissy: Der alte Kaiser wie nur einer ihn sah. Der wahrheitsgetreue Bericht seines Leibkammerdieners Eugen Ketterl, Wien 1929, S. 68

146 Salten, Felix: Die Liebesaffairen des Erzherzogs, in: Die Zeit, 28.12. 1902. Salten hatte 1898 Erzherzog Leopold Ferdinand kennen gelernt, der ihn mit Klatsch und Tratsch aus dem Kaiserhaus versorgte. Um die Jahrhundertwende spezialisierte sich Salten auf Berichterstattungen über Hofskandale. 1903 bis 1905 veröffentlichte er eine Reihe von Artikeln in der Zeitschrift »Die Zeit«, zu der er bereits 1902 als Redakteur gewechselt war.

147 Ebenda.

148 HHStA, Ah. Privat- und Familienfonde, Reservatakten, Karton 4, 1903.

149 HHStA, Admin. Reg. F1/82.

150 HHStA, Informationsbüro, Serie b Konfidentenberichte, Erzherzog Heinrich, März 1868.

151 Wallburg, Ernst: Ein Justizmord! Enthüllungen des Erzherzog-Sohnes Ernst

Baron Wallburg über die morganatische Ehe seines Vaters Erzherzog Ernst geschrieben von ihm selbst. Wien-Budapest 1904, S. 16.

152 Szimic (geborene Wallburg), Clothilde: unveröffentlichte Memoiren, Privatbesitz.

153 HHStA, Informationsbüro, Serie b Konfidentenberichte, Erzherzog Ernst, 5.3.1868.

154 Ebenda, 26.1.1969.

155 Ebenda, 23.7.1970.

156 Ebenda, Mai 1871.

157 Ebenda, 21. 6.1871.

158 Ebenda, 18.4.1873.

159 Ebenda, 5.1.1874.

160 HHStA, Ah. Privat- und Familienfonde, Reservatakten, Karton 3, 1900, dabei handelte es sich um Schulden bei Wladimir Graf Hendrikoff.

161 Szimic (geborene Wallburg), Clothilde: unveröffentlichte Memoiren.

162 Wallburg, Ernst: Ein Justizmord! S. 68.

163 Ebenda, S. 77.

164 Ebenda, S. 87.

165 Szimic (geborene Wallburg), Clothilde: unveröffentlichte Memoiren.

166 HHStA, Ah. Privat- und Familienfonde, Reservatakten, Karton 4, No 902 9/3 1901, C.

167 HHStA, OMaA 225-5 und Familienurkunden Nr. 2362.

168 Im Jahre 1900 wurde das Familienstatut um detaillierte Bestimmungen über das Prinzip der Ebenbürtigkeit bei Heiraten von Mitgliedern des Kaiserhauses erweitert. Durch diesen Anhang zum Familienstatut vom 12. Juni 1900 galt die Ehe eines Mitglieds des Kaiserhauses nur dann als ebenbürtig, wenn sie mit einem Mitglied des Erzhauses, oder einem Mitglied eines anderen christlichen gegenwärtig oder vormalig souveränen Hauses oder einem Mitglied jener fürstlichen Häuser eingegangen wurde, denen nach Artikel XIV der Deutschen Bundesakte und nach dem von Kaiser Franz I. erlassenen Handschreiben vom 17. September 1825 das Recht der Ebenbürtigkeit zustand. Das Familienstatut wurde außerdem um ein Verzeichnis dieser ebenbürtigen mittelbar gewordenen ehemals Reichsständischen fürstlichen Häuser erweitert. Die Mitgliedschaft zu einem mediatisierten Fürstenhaus genügte jedoch nicht als Nachweis der Ebenbürtigkeit. Zudem wurde eine Ahnenprobe verlangt. Siehe dazu Peter Wiesflecker, Studien zur habsburgischen Heirats- und Familienpolitik im Zeitalter Kaiser Franz Josephs I. Austritte aus dem Kaiserhaus und Ehen mit Bürgerlichen, Diplomarbeit, Wien 1989, S. 20–39.

169 HHStA, Ah. Privat- und Familienfonde, Reservatakten, Karton 4, No 902 9/3 1901.

170 Ebenda.

171 Ebenda.

172 Ebenda.

173 Ebenda.

174 Sachsen-Coburg-Gotha, Luise: Throne die ich stürzen sah. S. 119f.

175 Salten, Felix: Mattachich, in: Die Zeit, 27.3.1904.

176 Sachsen-Coburg-Gotha, Luise: Throne die ich stürzen sah. S. 144.

177 Bourgoing, Jean: Briefe Kaiser Franz Josephs an Frau Katharina Schratt. S. 299, 12.5.1898.

178 Louise Sachsen-Coburg-Gotha, Throne die ich stürzen sah. S. 221f.

179 Salten, Felix: Mattachich, in: Die Zeit, 27.3.1904.

180 Holler, Gerd: Louise von Sachsen Coburg. Ihr Kampf um Liebe und Glück, Wien 1991, S. 245f.

181 Kraus, Karl: Irrenhaus Österreich, in: Sittlichkeit und Kriminalität, Wien 1923, S. 84. Oktober 1904.

[182] Salten, Felix: Die flüchtige Luise, in: Die Zeit, 4.9. 1904.

[183] Ebenda.

[184] Schad, Martha und Horst (Hrsg): Marie Valerie von Österreich. Das Tagebuch der Lieblingstochter von Kaiserin Elisabeth, München 2006, S. 118.

[185] Hamann, Brigitte (Hrsg.): Kaiserin Elisabeth. Das poetische Tagebuch, Wien 1984, S. 186.

[186] Schad, Martha und Horst (Hrsg): Marie Valerie von Österreich. S. 120f.

[187] Hamann, Brigitte: Kaiserin Elisabeth. Das Poetische Tagebuch, »An Sophia. Ein Lebensbild II«, S. 214.

[188] Schad, Martha und Horst (Hrsg): Marie Valerie von Österreich. S. 140.

[189] Hopf, Gerhard: Zur Unterhaltspflicht der Eltern und Großeltern – ein Beitrag über Entwicklungstendenzen im Unterhaltsrecht des Kindes. In: Weinzierl, Rathkolb, Archelt, Attl, Justiz und Zeitgeschichte. Symposiumsbeiträge 1976–1993, Bd. 1, 1995, S. 233.

[190] Ebenda.

[191] Ofner, Julius: Der Ur-Entwurf und die Berathungs-Protokolle des Österreichischen Allgemeinen bürgerlichen Gesetzbuches I. S. 184.

[192] Eybl, Erik: Von der Eule zum Euro – Nicht nur eine österreichische Geldgeschichte, Klagenfurt 2005.